山西省中国特色社会主义理论研究中心太原科技大学基地
"1331工程"重点马克思主义学院建设项目研究丛书
本书受太原科技大学博士科研启动基金项目资助
（项目号：W20192010）

西方科学与
晚清维新儒学的建构

苗建荣◎著

中国社会科学出版社

图书在版编目（CIP）数据

西方科学与晚清维新儒学的建构/苗建荣著. —北京：中国社会科学出版社，2021.8
ISBN 978-7-5203-8924-2

Ⅰ.①西… Ⅱ.①苗… Ⅲ.①儒学—研究—中国—清后期 ②戊戌变法—研究 Ⅳ.①B222.05②K256.507

中国版本图书馆 CIP 数据核字（2021）第 166071 号

出 版 人	赵剑英
责任编辑	戴玉龙
责任校对	周晓东
责任印制	王 超
出　　版	中国社会科学出版社
社　　址	北京鼓楼西大街甲 158 号
邮　　编	100720
网　　址	http：//www.csspw.cn
发 行 部	010-84083685
门 市 部	010-84029450
经　　销	新华书店及其他书店
印　　刷	北京明恒达印务有限公司
装　　订	廊坊市广阳区广增装订厂
版　　次	2021 年 8 月第 1 版
印　　次	2021 年 8 月第 1 次印刷
开　　本	710×1000　1/16
印　　张	12.75
插　　页	2
字　　数	191 千字
定　　价	89.00 元

凡购买中国社会科学出版社图书，如有质量问题请与本社营销中心联系调换
电话：010-84083683
版权所有　侵权必究

自　　序

　　本书是在我的博士学位论文的基础上修改润色而成的。全书以维新儒学这样一种新的儒学形态为切入点，以康有为、梁启超、谭嗣同为例，探讨了晚清时期儒学与西方科学的关系。

　　晚清时期，中国历史上出现了一场著名的政治运动，即戊戌变法。维新儒学，即为晚清时期这场维新变法运动提供理论指导的儒学。在维新儒学的形成过程中，西方科学起了积极的推动作用，这使维新儒学成为研究儒学与西方科学关系的绝佳素材。

　　维新儒学是在反思洋务运动的基础上形成的，洋务派坚持"中体西用"，即在不改变原有社会制度的基础上大力引进西方科学以达到"师夷长技以制夷"的目的，而维新派主张在引进西方科学的基础上改变原有的社会制度。进一步说，是否改变原有的社会制度，是维新派与洋务派的最大区别。因此，与洋务派不同的是，维新派提出了自己的旨在改变现有社会制度的变法主张。与此同时，维新派还思考了为什么要变法的问题，即维新变法的合理性与必要性。因此，维新儒学包括两个维度：一是维新变法的基本主张；二是维新变法的理论依据。前者讲的是如何变法的问题，即变法的具体方案；后者讲的是为什么要变法的问题，即变法的合理性、必要性。

　　作为儒学的一种理论形态，维新儒学不仅有自己的问题意识，而且还有自己相对较为固定的范畴系统。维新儒学的范畴，大致来说包括两个层面：一是变法主张层面的，如通情、制度局、兴民权、废科举、兴学校、建学会等；二是理论依据层面的，如进化观念、夷夏观念、变易观念、道器观念、托古改制、仁通观念等。维新派的代表人物康有为、梁启超、谭嗣同等的维新儒学，均是在对上述范畴的阐释中展开的。

　　作为维新儒学的代表人物，康有为在维新时期读过不少西方科学书籍并熟悉很多西方科学知识，如天文学知识、地质学知识、物理学知识、化学知识、数学知识、几何学知识、医学知识等，这在康有为的著述中均有所体现。康有为对西方科学知识的了解，对于其维新儒学的建构，有着重大的理论意义。康有为在政治上要求立宪法、开国会、设制度局；在经济上要求发展工业实业、完善金融体系、鼓励自由通商；在文化上要求立孔教为国教、废科举、兴学校，这些均是康有为的变法主张。与此同时，康有为还为其维新变法提出了一套理论依据，即以三世进化说为核心的今文经学。

　　康有为的维新儒学，与西方科学有着密切的联系。从变法主张的层面讲，无论是政治层面的、经济层面的还是文化层面的主张，均包含着引进西方科学的诉求。如其在政治层面提出的设制度局的主张，而作为其制度局之一的学校局的主要职责就是引进西方科学；又如其在经济上要求发展工业实业，而在康有为看来要发展工业实业就必须先引进西方科学；再如其在文化上要求兴学校，而其所设想的学校的教学内容之一就是西方科学。从变法的理论依据层面讲，康有为维新变法的理论依据同样与西方科学有着密切的联系。康有为为维新变法所提供的理论依据主要是三世进化说，而其三世进化说是在吸收西方生物进化论的基础上提出来的。

　　作为维新儒学的代表人物，梁启超在维新时期不仅读过《谈天》《地学浅释》《格致汇编》等诸多介绍西方科学的著作，而且还熟悉诸多西方科学知识，如天文学知识、地质学知识、物理学知识等，这在梁启超的著述中也有着充分的体现。梁启超对这些西方科学知识的了解，为其维新儒学的建构起了积极的推动作用。梁启超在政治上主张兴民权，在文化上主张废科举、兴学校，这是梁启超的变法主张。与此同时，梁启超还为其变法主张提供了理论依据，这主要体现在其对变易观念、夷夏观念、进化观念的阐释中。

　　梁启超的维新儒学，与西方科学也有着密切的联系。从变法主张的层面讲，梁启超的变法主张中包含着引进西方科学的诉求。如其在政治上提出兴民权，而其兴民权的具体措施是开民智、开绅智、开官智。在梁启超的设想中，开民智、开绅智、开官智的手段之一，就是学习西方科学。从变法的理论依据层面讲，梁启超对变易观念、夷夏观念、进化观念的阐释，同样与西方科学有着密切的联系。梁启超对变易观念的论证，是在吸收西方科学尤其是天体物理学成果的基础上完成的。梁启超对夷夏观念的论证，是在充分考虑西方科学与传统儒学的区别的基础上进行的。梁启超对进化观念的论证，是在吸收西方科学尤其是生物进化论的成果的基础上展开的。

谭嗣同也对西方科学有着充分的了解。从现有著作中可以看出，谭嗣同不仅熟悉西方科学，如代数学、几何学、物理学、化学、生物学、医学等，而且还对西方科学作了大量的宣传，为西方科学在中国的传播做出了积极的贡献。谭嗣同对西方科学的了解，不仅大大开阔了其学术视野，而且也为其维新儒学的建构起了巨大的推动作用。谭嗣同在政治上主张模仿西方议会制度、以学会代议会；在经济上主张自由通商、鼓励机器生产；在文化上主张废科举、兴学校，这是谭嗣同维新变法的基本主张。与此同时，谭嗣同还为其维新变法提供了理论依据。这主要体现在其对夷夏观念、进化观念、仁通观念、日新观念的阐释中。

谭嗣同的维新儒学，同样与西方科学有着密切的联系。从变法主张的层面讲，谭嗣同的变法主张中包含着引进西方科学的诉求。比如，其主张学习西方议会制度是通过兴学会来完成的，而其所设想的学会的一个重要功能之一就是引进西方科学；又如，其在经济上主张自由通商，而其振兴商业的重要策略之一就是引进西方科学。再如，其主张废科举，而其提出废科举的动因之一就是看到了西方科学与传统儒学相比之下的巨大优势。从变法的理论依据层面讲，谭嗣同对夷夏观念、进化观念、仁通观念、日新观念的论证，同样与西方科学有着密切的关系。如其对夷夏观念的论证是在吸收西方地理学知识的基础上提出来的，其对进化观念的论证是在吸收西方生物进化论知识的基础上提出来的，其对仁通观念、日新观念的论证是在吸收西方物理学知识的基础上提出来的。

西方科学参与了晚清时期维新儒学的建构，这是一个不争的事实。维新变法的具体主张中天然地包含着引进西方科学的诉求，维新变法的理论依据中也大量地包含着西方科学的因素。这充分说明：在晚清时期，儒学并没有排斥西方科学，更没有阻碍西方科学的传入。需要指出的是，在维新儒学对西方科学的吸收过程中，也存在一定程度的误用。如康有为在其《实理公法全书》中试图用西方几何学的成果来论证其变法主张，谭嗣同在《仁学》中试图用西方代数学的方法来论证其仁观念。这些论证看似增加了其结论的普遍性、必然性，实则存在很大的逻辑漏洞，是误用西方科学的结果。之所以会出现这种情况，根本原因在于他们忽略了儒学和科学之间的界限。这种界限在于，西方自然科学只能作事实判断而不能作价值判断。因此，当维新儒士利用西方科学来丰富自己的变法主张、论证自己的变法依据时，会增加其说服力，这是没有问题的。但是，当维新儒士试图利用西方科学直接来做某种价值判断，误用就在所难免。进一步说，西方科学可以为儒学的价值判断提供有力的根据，但不能代替儒学去作价值判断。

总之，作为晚清时期出现的一种新的儒学形态，维新儒学的建构过程最大限度地体现了儒学的包容性与开放性。这种包容性与开放性表明：儒学不会排斥科学，更不会阻碍科学。与此同时，也应当注意到，儒学与科学之间是存在某种界限的。

书稿即将出版之前，思绪再次回到我的读博生涯！

感谢我的博士生导师，山东大学儒学高等研究院的马来平先生。我本平庸之人，混迹于博士队伍当中实属"德薄而位尊，智小而谋大"，马先生不以我愚笨并收我于门下我才得以如愿。在博士学位论文的撰写过程中，马先生不辞劳苦，在选题、立意、布局、撰写以及修改的过程中悉皆耐心指导、句句推敲。感谢我的硕士生导师，山西大学哲学社会学学院的陈清春先生。在山西大学求学期间，陈先生要求我读三类书：一是中国哲学史类，明确中国哲学谈什么问题；二是中国哲学原著类，明确古人到底怎么讲；三是西方哲学类，训练自己的哲学思维。陈先生多次告诫我，做哲学要进行必要的哲学训练，先让自己的思维上升到哲学的层次。在陈先生的引导下，我读了很多经典著作。这为我日后考上博士、走向学术打下了良好的基础。感谢山东大学儒学高等研究院的黄玉顺先生。在读博的几年中，我经常去黄先生那儿听课，遇到复杂问题黄先生也会帮我解答。在黄先生的课上，我增长了知识、开阔了视野、训练了思维，这也大大减少了我撰写博士学位论文的障碍。

由于本人学识有限，纰漏在所难免，欢迎各位方家批评指正！

目 录

第一章 导论 … 1
第一节 选题缘由及意义 … 1
第二节 文献综述及分析 … 3
　　一 关于儒学与科学关系的研究 … 3
　　二 对康有为个案的研究 … 11
　　三 对梁启超个案的研究 … 13
　　四 对谭嗣同个案的研究 … 15
　　五 前期研究结果分析 … 16
第三节 写作思路及创新 … 17

第二章 维新儒学的形成及特征 … 19
第一节 维新儒学的理论背景 … 19
　　一 洋务运动的衰落 … 19
　　二 维新变法的兴起 … 21
第二节 维新儒学的基本内涵 … 23
　　一 维新儒学的概念界定 … 23
　　二 维新儒学的两个维度 … 26
第三节 维新儒学的重要范畴 … 31
　　一 变法主张层面的范畴 … 31
　　二 理论依据层面的范畴 … 36

第三章　西方科学与康有为维新儒学的建构 ……………… 41

第一节　康有为对西方科学的了解 ……………………… 41
　　一　康有为读过的西方科学书籍 ………………………… 41
　　二　康有为了解的西方科学知识 ………………………… 43
第二节　康有为的维新儒学思想 ………………………… 48
　　一　康有为维新变法的基本主张 ………………………… 48
　　二　康有为维新变法的理论依据 ………………………… 62
第三节　西方科学对康有为维新儒学的影响 …………… 69
　　一　西方科学对康有为变法主张的影响 ………………… 69
　　二　西方科学对康有为变法依据的影响 ………………… 80

第四章　西方科学与梁启超维新儒学的建构 ……………… 88

第一节　梁启超对西方科学的了解 ……………………… 88
　　一　梁启超对西方科学的学习 …………………………… 88
　　二　梁启超对西方科学的宣传 …………………………… 94
第二节　梁启超的维新儒学思想 ………………………… 97
　　一　梁启超维新变法的基本主张 ………………………… 97
　　二　梁启超维新变法的理论依据 ……………………… 106
第三节　西方科学对梁启超维新儒学的影响 ………… 115
　　一　西方科学对梁启超变法主张的影响 ……………… 115
　　二　西方科学对梁启超变法依据的影响 ……………… 123

第五章　西方科学与谭嗣同维新儒学的建构 …………… 127

第一节　谭嗣同对西方科学的了解 …………………… 127
　　一　谭嗣同了解的西方科学知识 ……………………… 127
　　二　谭嗣同对西方科学的宣传 ………………………… 134
第二节　谭嗣同的维新儒学思想 ……………………… 140
　　一　谭嗣同维新变法的基本主张 ……………………… 140
　　二　谭嗣同维新变法的理论依据 ……………………… 149

第三节　西方科学对谭嗣同维新儒学的影响 …………… 154
　　一　西方科学对谭嗣同变法主张的影响 ………………… 154
　　二　西方科学对谭嗣同变法依据的影响 ………………… 161

第六章　回顾与反思 …………………………………………… 170

第一节　维新儒学对西方科学的吸收 …………………………… 170
　　一　维新儒学的变法主张中包含着引进西方科学的
　　　　诉求 ……………………………………………………… 170
　　二　维新变法的理论依据中包含着来自西方科学的
　　　　论据 ……………………………………………………… 172
第二节　维新儒学对西方科学的误用 …………………… 174
第三节　儒学与西方科学关系的省察 …………………… 179

参考文献 …………………………………………………………… 181

第一章 导论

第一节 选题缘由及意义

西学东渐以来，儒学与西方科学的关系就一直是摆在儒家学者面前一个绕不过去的问题，从明末的"儒耶之争"，到洋务运动时期的"中西体用之争"以及后来的"科玄论战""东西文化论争"等，都不同程度地涉及了这个问题。在儒学复兴深入人心的今天，不少学者再次就这个问题展开了深入的研究。

显然，重新审视、研究儒学与西方科学的关系，是今天儒学研究的一个重要问题，对于儒学的现代转型有着多方面的重要意义。一方面，对儒学与西方科学的关系进行研究，有助于我们进一步深入理解儒学之精神内核。另一方面，对儒学与西方科学的关系进行研究，有利于科学在中国的进一步生根、发展乃至壮大，为未来走向科技强国奠定理论基础。此外，对儒学与西方科学的关系予以研究，也是中西关系研究的进一步深化。

维新儒学，即为维新变法提供理论指导的儒学。[①] 研究儒学与西方科学的关系，维新儒学是较为理想的切入点。

首先，西方科学真正对儒学产生冲击并对其理论体系形成影响，当从晚清开始。梁启超认为：

从明末到乾嘉时期，西方传教士为了传教的便利将西方科学传入

[①] 关于"维新儒学"这一概念的内涵，本书第二章有详细的阐释。

中国，但那个时候儒家士人对西方科学的关注并不多。晚清时期，面对几次对外战争的失败，西方科学才真正引起了儒家士人的重视。

黄玉顺教授在其《从"西学东渐"到"中学西进"——当代中国哲学学者的历史使命》一文中指出，西学东渐可以分两个阶段：

> （1）帝国时代。即从明代至清代前期，至多可以叫作"西学东来"，因为那时西学对于中学并未构成任何实质性的威胁。（2）转型时代。即晚清（或"近代"）以来，西学确实对中学构成了根本性的挑战。[①]

显然，西方科学真正引起儒家士人的重视、影响并改变了儒学的理论建构，当在晚清时期。

其次，就晚清时期而言，维新儒学是较为理想的切入点。大致说来，从鸦片战争到辛亥革命，主要有两种形态的儒学：一是洋务儒学；二是维新儒学。洋务儒学的基本主张是在保留儒家名教纲常的基础上大力引进西方科学。维新儒学的基本主张是在引进西方科学的同时改变原有的以儒家名教纲常为基础的政治制度。二者有一个根本的区别，即洋务儒学不改变原有的社会制度，而维新儒学要改变原有的社会制度。这意味着，改制变法是维新儒学区别于洋务儒学的一个重要特征。为了维新变法的有效推进，维新派建构了一套为维新变法提供理论指导的儒学。这套儒学包括两个维度：一是维新变法的基本主张；二是维新变法的理论依据。而无论是维新变法的基本主张，还是维新变法的理论依据，均与西方科学有着密切的联系。首先，在维新派所提出的变法主张中，不论是政治层面的、经济层面的还是文化层面的，都天然地包含着引进西方科学的诉求；其次，在维新派为其维新变法所提供的理论依据中，诸如进化观念、仁通观念、变易观念等，均包含西方科学的因素在内。显然，西方科学参与了维新儒学的

---

① 黄玉顺：《从"西学东渐"到"中学西进"——当代中国哲学学者的历史使命》，《学术月刊》2012年第11期。

建构，这是一个不争的事实。通过对维新儒学的建构过程进行分析，可以生动地展现儒学与西方科学的关系。

最后，就维新儒学的代表人物而言，康有为、梁启超、谭嗣同最具有代表性。维新变法时期，出现了诸多赞成维新变法的知识分子，史称"维新派"。在这些"维新派"成员之中，康有为、梁启超、谭嗣同的影响力最大。他们不仅在行动上积极推动维新变法，在理论上也引领晚清的思想潮流。为了有效地推动维新变法，他们不仅提出了维新变法的具体主张，而且还从传统的儒家学说中为其维新变法找寻理论依据，这使作为一场政治运动的维新变法获得了巨大的理论支撑。与此同时，无论是他们为维新变法所提出的具体主张，还是为维新变法所寻找的理论依据，都与西方科学有着密切的联系。

基于上述认识，本书选择以康有为、梁启超、谭嗣同为例，通过对维新儒学的研究来展现儒学与西方科学的关系。

第二节 文献综述及分析

前文已述，本书旨在探讨儒学与西方科学的关系，并以康有为、梁启超、谭嗣同为例。这意味着，梳理前人对于儒学与科学关系的研究成果，梳理前人对于康有为、梁启超、谭嗣同等的研究成果，至关重要。

一 关于儒学与科学关系的研究

据马来平教授考察，儒学与科学关系的研究大致可分为三个阶段：一是20世纪20—40年代，为萌芽期；二是20世纪50—80年代，为蛰伏期；三是20世纪80年代至今，为复苏期。[①] 20世纪20—40年代，其间发生了"科玄论战""东西文化论争"以及"中国古代为什么没有科学"的争论等。在这期间，出现了两部重要著作：一是"科玄论战"的论文集《科学与人生观》；二是梁漱溟的《东西文化及其

[①] 马来平：《科技儒学研究之我见》，《自然辩证法研究》2015年第6期。

哲学》，这两部著作都触及了儒学与科学的关系问题。但是，"科玄论战"所讲的"玄学"主要指的是哲学，其内容包括儒学，却并非儒学本身。梁漱溟的"东西文化"之"东方文化"也并非专指儒学，其"西方文化"也非专指西方科学。因此，就第一阶段而言，儒学与科学关系的问题是包含在中西关系这一问题中的。进一步说，虽然这个时期的研究触及了儒学与科学关系的问题，但儒学与科学的关系这一问题意识尚未形成。20世纪50—80年代，由于受意识形态的影响，儒学与科学关系的研究基本中断。此时，港台新儒家兴起，其儒学研究涉及了儒学与科学的关系，最典型的如牟宗三的"良知坎陷"说。牟宗三的"良知坎陷"说的提出，事实上是意识到了儒学与科学关系的重要性，意识到了儒学的发展必须回应科学的问题。尽管其通过良知的坎陷来开出科学的主张引起了许多学者的质疑，但其问题的提出，引发了学界对儒学与科学关系的思考，还是相当有价值的。牟宗三"良知坎陷"说的提出，说明儒学与科学关系的问题意识已经形成，遗憾的是牟宗三本人的学术兴趣并不在此，且其"良知坎陷"说也存在一定的理论困境。

真正对儒学与科学关系进行深入研究的，当在第三阶段，即从20世纪80年代至今。此时，儒学的研究逐渐复苏，儒学与科学的关系再次引起了学界的重视，出现了许多优秀的学者以及有价值的成果。同时，海外及国外一些学者也积极参与到了本领域的研究当中。这里，就第三阶段的关于儒学与科学关系的研究成果作一梳理。

1. 山东大学马来平教授

山东大学的马来平教授，近年来一直致力于儒学与科学关系的研究。其代表作有：《探寻儒学与科学关系演变的历史轨迹——中国近现代科技思想史研究》（上海古籍出版社2015年版）、《中西文化会通的先驱："全国首届薛凤祚学术思想研讨会"论文集》（齐鲁书社2011年版）、《科技儒学研究之我见》（《自然辩证法研究》2015年第6期）、《试论儒学与科学的相容性》（《文史哲》2014年第6期）、《儒学与科学具有根本上的相容性》（《自然辩证法研究》2016年第8期）、《西学东渐中的科学与儒学关系》（《贵州社会科学》2009年第

1期）等。具体而言，马来平教授对于儒学与科学关系的研究主要有如下贡献：

第一，首次提出"科技儒学"的概念。在《科技儒学研究之我见》（《自然辩证法研究》2015年第6期）一文中，马来平教授率先提出"科技儒学"这一概念，为儒学与科学关系的研究奠定了理论基础，使儒学与科学关系这一问题真正地成为儒学研究的一个新方向。在这篇纲领性文章中，马来平教授回顾了儒学与科学关系研究的历史，对研究的现状与问题进行了分析，对"科技儒学"进行了概念界定并在此基础上提出了"科技儒学"研究的基本目标和框架。

第二，长期致力于西学东渐过程中儒学与科学关系的研究。在《西学东渐中的科学与儒学关系》一文中，马来平教授将西方科学在中国的传播分为三个阶段："传教士学术传教期（明清之际）、洋务派技术引进期（1860—1895年）、先进知识分子科学传播与启蒙期（1895—1928年）。"[①] 在此基础上，马来平教授分别对这三期作了介绍。在第一期，马来平教授介绍了利玛窦在中国传教过程中与科学相关的经历，介绍了传教士在传教过程中与儒家士人的冲突；在第二期，马来平教授介绍了洋务运动期间儒家士人所做的贡献，诸如购买武器和机械、开办工厂、翻译西书、举办学校、选派留学生等，介绍了洋务派与保守派之间的争论，如同文馆增设天算馆之争、留学计划之争等；在第三期，马来平教授介绍了维新派与革命派在西方科学的传播过程中所做的贡献，如严复《天演论》的翻译、各种学会的成立、留学教育的体制化等，介绍了五四运动、科玄论战中科学的传播。应当说，这篇文章系统地梳理了西方科学在中国的传播过程中儒家士人所做的贡献，是儒学与科学关系研究不可或缺的素材。

第三，首次开启国内关于薛凤祚科学思想的研究。薛凤祚是清代重要的科学家之一，也是西学东渐过程中的重要人物。长期以来，由于种种原因，学界对薛凤祚思想的研究几乎是一片空白。马来平教授以儒学与科学的关系为视角，对薛凤祚进行了多侧面、多层次的研究

---

① 马来平：《西学东渐中的科学与儒学关系》，《贵州社会科学》2009年第1期。

并组织开展了相关研讨会，形成了《中西文化会通的先驱："全国首届薛凤祚学术思想研讨会"论文集》（齐鲁书社 2011 年版）。马来平教授对于薛凤祚的研究，为儒学与科学关系的研究提供了全新的素材。

此外，马来平教授所研究的儒学与科学的关系，其"科学"主要指西方近代自然科学。在《探寻儒学与科学关系演变的历史轨迹——中国近现代科技思想史研究》一书的序言中，马来平教授谈道，"2005 年左右，'西学东渐'回归到我的学术视野"①。他说："最初，我们的研究主要集中在第一层次即西方科学的传入与中国传统科学嬗变的关系方面。"② 又说："最近几年，我们的研究已经逐渐集中在第二层次即西方科学的传入与儒学嬗变的关系方面。"③ 显然，马来平教授对儒学与科学关系的研究主要是围绕西学东渐展开的，其所谈的儒学与科学的关系主要指儒学与近代西方自然科学的关系。

总之，马来平教授对儒学与科学关系的研究做出了诸多的理论贡献：第一，明确提出"科技儒学"这一概念，使儒学与科学的关系成为儒学研究的一个新方向；第二，以西学东渐为背景，系统梳理了西学东渐过程中儒学与科学的关系并提出诸多极具启发性的观点；第三，开启了"薛凤祚"研究，为儒学与科学关系的研究增加了新的素材。

2. 中国科学院大学尚智丛教授

中国科学院大学的尚智丛教授近年来一直致力科学技术哲学领域的研究，其研究也触及了儒学与科学关系。相关代表作有：《明末清初（1582—1687）的格物穷理之学——中国科学发展的前近代形态》（四川教育出版社 2003 年版）、《传教士与西学东渐》（山西教育出版

---

① 马来平：《探寻儒学与科学关系演变的历史轨迹——中国近现代科技思想史研究》，上海古籍出版社 2015 年版，第 5 页。
② 马来平：《探寻儒学与科学关系演变的历史轨迹——中国近现代科技思想史研究》，上海古籍出版社 2015 年版，第 5 页。
③ 马来平：《探寻儒学与科学关系演变的历史轨迹——中国近现代科技思想史研究》，上海古籍出版社 2015 年版，第 7 页。

社 2008 年版)、《从演绎推理的传入看儒学的开放性——兼论儒学与科学的关系》(《自然辩证法研究》2015 年第 6 期) 等。

在《明末清初 (1582—1687) 的格物穷理之学——中国科学发展的前近代形态》一书中，尚智丛教授介绍了形成于明末清初的格物穷理之学，指出其既不同于中国古代科学，也不同于鸦片战争之后传入中国的西方近代自然科学。与此同时，格物穷理之学在不同的学者那里有不同的名称，如徐光启称为"格物穷理之学"、李之藻和傅泛际称为"穷理诸学"、南怀仁称为"穷理学"，尚智丛教授分别对之进行了介绍。尽管如此，尚智丛教授认为格物穷理之学有其统一的特征："一是强调关于自然的经验知识；二是追求知识的统一性，强调演绎推理在知识形成中的作用；三是具有'艺用'倾向；四是存有内在的唯理主义倾向与经验主义倾向的矛盾。"[①] 尚智丛教授还对格物穷理之学进行了历史分期并对其特点予以了分析介绍。尚智丛教授对明末清初格物穷理之学的介绍，对于格物致知这一概念的分析，对于儒学与科学关系的研究具有重要的意义。在《从演绎推理的传入看儒学的开放性——兼论儒学与科学的关系》一文中，尚智丛教授认为儒学在格物穷理观念的框架下引入了演绎推理，这在一定程度上体现了儒学的开放性，同时也说明儒学不会排斥科学。

尚智丛教授对"格物致知"观念的考察，不仅为儒学与科学关系的研究提供了诸多素材，而且从儒家知识论的核心观念"格物穷理"入手探讨儒学与科学的关系这一研究思路本身也值得借鉴。

3. 厦门大学乐爱国教授

厦门大学的乐爱国教授近年来一直致力于儒学与科学关系的研究，出了不少成果。其代表作有：《朱子格物致知论研究》(岳麓书社 2010 年版)、《宋代的儒学与科学》(中国科学技术出版社 2007 年版)、《中国传统文化与科技》(广西师范大学出版社 2006 年版)、《儒家文化与中国古代科技》(中华书局 2002 年版)、《朱熹格物致知

[①] 尚智丛：《明末清初 (1582—1687) 的格物穷理之学——中国科学发展的前近代形态》，四川教育出版社 2003 年版，第 7 页。

论的科学精神及其历史作用》(《厦门大学学报》1997 年第 1 期)、《儒家经典中的科技知识》(《中华文化论坛》2004 年第 1 期) 等。乐爱国教授对这个问题的研究有两个特点：

第一，试图从儒家经典著作中找寻科技知识。如其在《儒家经典中的科技知识》(《中华文化论坛》2004 年第 1 期) 一文中考察《诗经》《尚书》《周礼》等儒家经典著作中的科技知识。

第二，乐爱国教授的"儒学"主要指传统儒学，其"科学"主要指中国古代科技。在其著作《儒家文化与中国古代科技》一书中，乐爱国教授首先肯定了中国古代科技的存在：

在此基础上，乐爱国教授分别考察了先秦、两汉、宋代以及明清之际儒学与中国古代科技的关系。

乐爱国教授对儒学与科学关系的研究，一方面肯定了中国古代科学的存在，另一方面揭示了儒学与中国古代科学的渊源关系，为儒学与科学关系的研究提供了诸多素材及思路上的启发。

4. 上海师范大学李申教授

上海师范大学的李申教授，曾经致力于中国古代科学与中国古代哲学关系的研究，其研究也触及了儒学与科学的关系。相关代表著作有：《中国古代哲学和自然科学》(中国社会科学出版社 1989 年版)、《中国古代哲学与自然科学——隋唐至清代之部》(中国社会科学出版社 1993 年版)。

在《中国古代哲学和自然科学》一书中，李申教授于先秦到南北朝的相关史料中取材，对中国古代哲学和自然科学之间的关系进行了深入的研究。书中讲了先秦时期自然科学和中国哲学几个范畴的关系、先秦时期天道观和自然科学的关系、汉代天人感应观念与自然科学的关系以及天文学、数学、中医学乃至炼丹术与中国哲学的关系等，这样的研究可以为儒学与科学关系的研究提供一定的素材。但诚如李申教授所说：

研究二者之间的关系，主要是研究中国古代科学对中国古代哲学的影响，这乃是本书的任务……本书的宗旨，是要说明科学如何影响哲学。但文字的数量，则往往是讲科学居多。不过，讲科学也是为了说明它如何影响了哲学。①

李申教授的研究主要集中于中国古代科学如何影响了先秦到南北朝时期的中国哲学。因此，对于儒学与中国古代科学的关系有一定的涉及，但还有待深入。

《中国古代哲学与自然科学——隋唐至清代之部》一书，是《中国古代哲学和自然科学》一书的续篇。

与前部著作相比，这部著作有两个特点：一是探讨中国古代科学如何影响了隋唐至清代的中国哲学；二是在前者的基础上对中国哲学自身的发展轨迹增加了笔墨。书中探讨了隋唐天人观念与中国古代自然科学的关系、宋代天理观念与中国古代自然科学的关系、宋代气观念与中国古代自然科学的关系、佛教道教与中国古代自然科学的关系等。书中还分别探讨了农学、宇宙论、历法、数学、医学等中国古代自然科学形态与中国古代哲学的关系。这样的研究可以为儒学与科学关系的研究提供一定的素材，但由于李申教授着重讲述的是中国古代科学如何影响了隋唐至清代的中国哲学，因此对于儒学与科学关系的研究还有发挥的空间。

总之，李申教授通过自己的研究，肯定了中国古代自然科学的存在，认为中国古代自然科学影响了中国古代哲学的建构。其研究对于儒学与科学关系的研究有重要参考价值。

5. 台湾省清华大学徐光台教授

台湾省清华大学徐光台教授，对西学东渐的研究涉及了儒学与科学的关系。徐光台教授着重对西学东渐过程中一些重要事件进行了实证性研究，如其对《崇祯历书》的考证，对明代万历年间天象的考察，对徐光启学习西学的一些事件的考察等。代表作品有：《利玛窦天主实义中的格物穷理》（《清华学报》新二十八卷第一期，第47—73页）、《藉"格物穷理"之名：明末清初西学的传入》（《理性主义

---

① 李申：《中国古代哲学和自然科学》，中国社会科学出版社1989年版，第4页。

及其限度》，三联书店 2003 年版，第 165—212 页）。

在《利玛窦天主实义中的格物穷理》一文中，徐光台教授介绍了利玛窦在传教过程中，"格物穷理"这一观念所起的作用。徐光台教授认为，利玛窦为了传教方便，穿儒服、读儒书，接触到了"格物穷理"这一概念，意识到这一概念中所包含的"理"与"所以然"之含义与亚里士多德之"理"与"原因"有相通之处。徐光台认为，利玛窦在《天主实义》中将宋儒的"格物穷理"观念进行改造，用这一观念证明天主的存在（格物—穷理—知天主），使之带有了西学的含义。徐光台教授的这篇文章，详细地介绍了"格物穷理"这一观念在利玛窦那里如何从一个儒学的观念变成一个带有西学色彩的观念，考证详细、逻辑严谨，对于儒学与科学关系的研究有一定的参考价值。

在《藉"格物穷理"之名：明末清初西学的传入》一文中，徐光台教授考察了在明末清初西方自然科学的传入过程中，"格物穷理"这一概念所起的作用。徐光台教授认为，朱熹的"格物致知"观念以理或太极为人与万物的共同本源，因此人要反本穷源，就必须通过格物才能穷至终极之理，而格物必然要涉及对自然外物的认识。这与传教士的理论诉求有某种相似性，传教士要表达的是通过认识自然规律来认识天主。因此，"格物致知"这一概念得到了传教士利玛窦、艾儒略的重视。进而，"格物穷理"这一概念成为西学传入的桥梁，传教士借此将其"外来的"学术传入中国，并试图借此获得正当性。徐光台教授的研究，对于"格物致知"这一概念在西学东渐过程中所起的作用给出了明确的答案。

总之，徐光台教授对"格物穷理"这一观念的研究，可以为儒学与科学关系的研究提供诸多理论素材。

6. 美国普林斯顿大学本杰明·艾尔曼

美国普林斯顿大学本杰明·艾尔曼，长期致力于中国思想与文化史、中国近代科技史以及中日文化学术交流史的研究，其研究也涉及了儒学与科学的关系。其相关代表作有：《中国近代科学的文化史》（上海古籍出版社 2009 年版）、《科学在中国：1550—1900》（中国人民大学出版社2016年版)。在《中国近代科学的文化史》一书中,本杰明·艾尔曼介绍了1550年以来中国的科学技术和医学史。全书讲述了传教士来华传教以来中国读书人对西方科学的好奇,讲述了第一次鸦片战争之后传教士对牛顿物理学的翻译,讲述了晚清向西方学习并建立各种制造局、学堂、翻译馆等。在《科学在中国:1550—1900》一书中,本杰明·艾尔曼对中国1550—1900年科技发展史进行了一次梳理。其中包括对明代博物学、清代考据学以及晚清各种兵工厂、制造局的介绍。

本杰明·艾尔曼的研究触及了儒学与科学的关系,也可以为儒学与科学关系的研究提供素材。

7. 山东大学黄玉顺教授

山东大学的黄玉顺教授近年来一直致力于儒家哲学、中西比较哲学等领域的研究。尽管其注意力并不在儒学与科学的关系上,然而其有一篇文章不容忽视,即《儒学与作为科学理论基础的知识论重建》(《当代儒学》2015年第2期)。

在《儒学与作为科学理论基础的知识论重建》一文中,黄玉顺教授指出,儒学与科学关系的研究至少有两种路数:一是历史学的路数;二是哲学或思想史的路数。黄玉顺教授认为,历史学的路数已经取得了很大的成绩,但哲学或思想史的路数研究还不是很充分。他说:"我个人感觉,我们在这个方面的工作做得很不够,那就是真正从哲学层面、思想理论层面上要讲清楚:凭什么说儒学跟科学、科学跟传统文化没有冲突?"[①] 的确,研究儒学与科学的关系可以有多个侧面,既可以是儒家学说与科学的关系,也可以是儒家士人与科学的关系,前者接近于哲学或思想史的进路,后者接近于历史学的进路。黄玉顺教授这样的分析,可以为儒学与科学关系的研究提供方法论的启示,即能否从哲学层面或思想史的层面谈儒学与科学的关系。

二 对康有为个案的研究

关于康有为的研究,当前主要涉及以下几个方面:第一,关于康

[①] 黄玉顺:《儒学与作为科学理论基础的知识论重建》,《当代儒学》2015年第2期。

有为原著的整理出版。第二，关于康有为传记、评传的出版。第三，关于康有为维新变法活动的研究。第四，关于康有为思想的研究。关于康有为思想的研究，学界对其研究涉及了政治、历史、文学、哲学、外交、佛学、教育、法律、儒学、科学、宗教、个人交游等方方面面。

就与本书相关的内容而言，近年来出现了一些成果，兹列举如下：

聊城大学刘星的《东传科学与康有为今文经学的嬗变》一书及其就读于山东大学期间所著的博士学位论文《清末民初东传科学影响下康有为今文经学的嬗变》，以康有为今文经学为切入点，着重阐发西方科学影响下的康有为今文经学的思想。该书及其论文是近年来以儒学与科学关系为视角，考察康有为今文经学思想的最新研究成果，对于儒学与西方科学的关系有着独到、深入的阐发。与此同时，该书及其论文在儒学与科学的关系这个问题上还留有很大的研究空间。例如，康有为儒学思想与西方科学的内在联系是什么，康有为如何处理儒学与科学的关系等，这些问题还有待进一步深入研究。

北京师范大学董贵成的博士学位论文《近代科学与戊戌维新》，主要以戊戌维新时期维新派与近代科学的关系为切入点，考察维新派的科学思想与维新运动的互动关系，其研究涉及了康有为科学思想。文章介绍了康有为接受现代科学的过程，介绍了自然科学对其的影响，强调了科学对其变革思想的重要性。由于该论文的主要目的是阐述近代科学与戊戌维新之间的关系，因此就康有为的科学思想及康有为如何处理儒学与科学的关系而言，显然不是其论文的研究重点。

朱义禄的《西方自然科学与维新思潮——论康有为、严复、谭嗣同的变革思想》一文，着重阐发维新思潮与西方自然科学的关系，认为晚清维新思潮是西方自然科学影响的结果。文章指出，科学精神、理性精神在康有为的著作中有明显的体现。严复、谭嗣同也依据西学提出很多创新性观点。岳清云的《实证的科学方法和科学精神——浅谈康有为科技思想》一文，着力阐发康有为的科技思想，认为康有为有很强的科学精神，且注重实证的方法。文章指出，"康有为是中国近代史上最先介绍和运用西方近代科学方法的思想家，并最早树立西方逻辑学所代表的科学实证精神，确立了方法论科学观"。马金华的《试论康有为的科学观》一文，从科学观的角度研究康有为的科学思想。文章阐述了康有为科学观演变的过程，并从整体上对其进行了客观评价，认为他的科学观在中国近代科学思想史上占有重要地位。魏义霞的《平等与自然科学——以康有为、谭嗣同的思想为中心》一文，从平等观念与西方自然科学的关系立论，认为中国思想界近代的平等观念与西方自然科学之间有着很大的联系，这种联系在康有为、谭嗣同二人的思想中体现得最为明显。这篇文章讲述了西方自然科学对康有为、谭嗣同哲学思想的影响，是一个新颖的视角。魏义霞的《康有为〈诸天讲〉的几个重要问题》一文，讲述了康有为《诸天讲》中的几个问题，如康有为撰写《诸天讲》的动机、康有为《诸天讲》中"天"与"诸天"的含义以及《诸天讲》的科学或宗教意义。

总之，关于康有为个案的研究，学界已经涉及了诸多方面。然而，就关于康有为的科学思想而言，学界主要是从其科技思想、科学观以及科学对其思想的影响等方面入手来进行研究。就儒学与科学的关系这个问题而言，尚有很大的研究空间。

三　对梁启超个案的研究

当前关于梁启超的研究，其涉及面主要包括以下几个方面：第一，关于梁启超原著的整理出版。第二，关于梁启超传记、评传的出版。第三，关于梁启超维新活动的研究。第四，关于梁启超社会交往情况的研究。第五，关于梁启超思想的研究。关于梁启超思想的研究，学界对其研究涉及了政治、历史、文学、美学、哲学、外交、佛学、教育、法律、儒学、科学、宗教、个人交游乃至对图书馆的认识等方方面面。

就与本书相关的内容而言，研究成果不多。兹列举如下：

山西大学姚雅欣博士的毕业学位论文《梁启超科学文化知行论稿》从人文学者的科学意识这一角度研究了梁启超的科学思想。文章以"科学文化"为主题，探寻梁启超科学意识的源流、生成及其演变，阐释了梁启超对科学文化的思考与践行，对其所属年代公共知识分子的角色进行了反思与定位。最后，文章从科学文化在中国的演变中思索其现代价值。该论文以科学文化为视角，对梁启超的科学意识的演变及其社会影响做了研究，很有见地。但就梁启超的儒学思想及儒学与科学的关系而言，文章并未言及。关于梁启超科学思想的演变，姚雅欣还于《科学技术与辩证法》发表《从传统"格致"到现代"科学"：梁启超"科学"观念透视》一文。文章认为，梁启超对科学的认识有一个逐渐演变的过程，首先从传统"格致"的意义上看待科学，其次认识到一般意义上的"科学"，最后认识到广义的"科学"。总之，姚雅欣博士关于梁启超科学思想的研究，主要从其科学意识入手，对科学文化在中国社会中的演变及其作用的研究很有见地。然而，就儒学与科学的关系而言，文章并未提及。

武汉大学林合华的硕士学位论文《梁启超科学观的三期演变及其意义》，以梁启超科学观为视角，对梁启超的科学思想进行了研究。文章认为，梁启超的科学思想经历了三个阶段：早期、中期和晚期。该文章对梁启超科学观的演变做出了详尽的考证及深刻的反思，对于了解梁启超科学观的发展变化有着重要的指导价值。然就梁启超的儒学思想及儒学与科学的关系而言，也未提及。

姚雅欣、王云的《梁启超：在科学文化的视域中重新解读》一文，对梁启超的科学思想进行了考察。具体而言，文章谈到了如下问题：梁启超对"科学"概念的理解；梁启超的科学精神；梁启超的科学方法；梁启超的科学传播；梁启超的科学观察；梁启超的科学灵感；梁启超谈科学与美术；梁启超处理中西文化等。文章提出了一种新的视角（科学文化），值得借鉴。

董德福、李相锦的《梁启超科学观历史内涵与现实价值的理性审视》一文，通过对梁启超科学观的演变的考察，探索其理性价值。段治文、戴锡保的《论梁启超科学观的确立及其流变》一文，以科学观为视角探讨梁启超对西方科学文化的认识及其变化。该文章于1993年发表于《浙江大学学报》，对于梁启超科学观的考察，有一定的启发性。周位彬的《论梁启超科学观的文化价值》一文，着重从文化价值的角度阐发梁启超的科学观。文章认为，梁启超崇尚科学但坚决反对科学主义，倡导西学但坚决反对西化，为科学文化的健康发展开辟了新视域。

总之，关于梁启超个案的研究，学界已经涉及了方方面面。就梁启超科学思想而言，学界主要还是关注其科学观的前后演变及价值，而从儒学与科学关系这样的视角来研究梁启超，尚有很大空间。

四 对谭嗣同个案的研究

当前关于谭嗣同的研究，主要包括如下几个方面：第一，关于谭嗣同原著的整理出版。第二，关于谭嗣同传记及评传的出版。第三，关于谭嗣同思想的研究。第四，关于谭嗣同维新活动的研究。第五，关于谭嗣同社会交往情况的研究。

就与本书相关的内容而言，研究成果不多。兹列举如下成果：

马强的《烈士之学——浅析谭嗣同的自然科学思想》一文，全面地从传统的"天文学""算学""农学""医学"四个方面介绍了谭嗣同的科学思想。魏义霞的《平等与自然科学——以康有为、谭嗣同的思想为中心》一文，以康有为、谭嗣同为例，阐释了平等观念与西方自然科学之间的联系。何磊的《从追求科学走向献身变法的谭嗣同》一文，认为谭嗣同热爱科学、探索科学，是促使谭嗣同献身变法的重要原因。文章指出，谭嗣同学习科学与献身变法之间有着必然的联系。

朱义禄的《西方自然科学与维新思潮——论康有为、严复、谭嗣同的变革思想》一文，着重阐发维新思潮与西方自然科学之间的关系，认为晚清维新思潮是西方自然科学影响的结果。这篇文章谈到了谭嗣同，认为谭嗣同的变革思想与其学习西方自然科学有着密切的联系。

徐振亚的《谭嗣同科学思想浅析》一文，从科学知识、科学精神以及科学思想产生的背景等方面全面介绍了谭嗣同的科学思想。尤其是在科学知识方面，作者做了详细的探索，例如，天文学和哥白尼日心地动学说、地学和进化论、人体解剖学和生理学、数学和《几何原本》、化学与道尔顿原子论、物质不灭定律等方面，作者对谭嗣同在这些问题上的认识都做了阐释。

总之，近年来关于谭嗣同科学思想的研究，成果并不是很多，这一方面是因为谭嗣同英年早逝，其著作文献较少；另一方面也是因为学界更多地将注意力集中在了其思想的其他方面。就从儒学与科学关系的视角来研究谭嗣同而言，目前还是一个空白。

五　前期研究结果分析

经过前期的相关材料收集、研读，笔者认为尽管前人对儒学与科学关系的研究已经相当深入，但以维新儒学为切入点，以康有为、梁启超、谭嗣同为例来探讨儒学与西方科学的关系仍有很大的研究空间。这主要体现在：

首先，从时间上讲，前人对古代尤其是宋代（如乐爱国教授对朱熹的研究）以及对第一次西学东渐的研究（如马来平教授的《探寻儒学与科学关系演变的历史轨迹——中国近现代科技思想史研究》）、尚智丛教授的《明末清初（1582—1687）的格物穷理之学——中国科学发展的前近代形态》《从演绎推理的传入看儒学的开放性——兼论儒学与科学的关系》、徐光台教授的《利玛窦天主实义中的格物穷理》《藉"格物穷理"之名：明末清初西学的传入》较为充分，而对于第二次西学东渐，即晚清时期儒学与西方科学的关系的研究，仍然有待于进一步挖掘。

其次，就研究进路而言，前人有从儒家经典著作入手的，有从儒家核心观念入手的，有从儒家士人入手的。大致来说，包括两个进路：一是史学的进路；二是哲学的进路。前者重史料的收集，后者重思想的阐发。就目前儒学与科学的关系这一问题的研究而言，从史学的进路研究儒学与科学的关系已经取得了很大的成就，而从哲学的进路研究儒学与科学的关系还有很长的路要走。进一步说，作为一种学术形态的儒学理论必然要依托诸多范畴而展开，这些范畴与科学到底是什么关系？这些问题还有待深入研究。

最后，就康有为、梁启超、谭嗣同的个案研究而言，尽管前人对于其科学思想已经做了诸多研究，但是从儒学与科学的关系这样一个角度来考察其科学思想，尚有很大的研究空间。

基于上述认识，本书选择以晚清维新儒学为切入点，以康有为、梁启超、谭嗣同为例，着重从思想层面予以阐发，进而对儒学与西方科学的关系进行探索研究。

第三节　写作思路及创新

作为维新派的代表人物，康有为、梁启超、谭嗣同等在理论上提出了一套指导维新变法的儒学，是为维新儒学。在维新儒学的建构过程中，西方科学起了很大的推动作用。可以说，西方科学直接参与了维新儒学的建构。西方科学如何参与了维新儒学的建构？这是展现儒学与西方科学关系的一个绝佳素材。

要探讨西方科学在维新儒学建构中的作用，首先需要对维新儒学这一概念予以界定。因此，本书第二章先对维新儒学这一概念进行阐释。具体而言，包括：维新儒学的理论背景，维新儒学的概念内涵，维新儒学的两个维度，维新儒学的基本范畴。在讲清楚什么是维新儒学的基础上，本书进一步对康有为、梁启超、谭嗣同的维新儒学逐一进行考察。具体而言，包括：康有为、梁启超、谭嗣同了解了什么样的西方科学知识，其维新儒学的具体内容是什么，西方科学对其维新儒学有什么影响。这是本书第三章、第四章、第五章回答的问题。在对这些问题做出回答之后，又试图进一步追问，儒学与西方科学的关系是什么？这是本书第六章回答的问题。

本书的创新之处如下：第一，深入挖掘维新儒学这一儒学史上的理论形态，对维新儒学的概念内涵、历史分期、基本维度、重要范畴乃至代表人物的思想，进行了详细的考察，这在儒学研究领域尚属首次；第二，通过考察西方科学在维新儒学的建构中所起的作用来探索儒学与西方科学的关系，这在儒学与科学关系研究领域尚属首次；第三，从研究进路上讲，本书直面儒学思想本身，通过对维新派儒士康有为、梁启超、谭嗣同等的著作进行研读分析，探索儒学与西方科学的关系。这对于从思想层面探索儒学与西方科学的关系，有着重要的意义。

  本书的不足之处如下：本书以维新儒学为切入点，探索儒学与西方科学的关系。就维新儒学的代表人物而言，除康有为、梁启超、谭嗣同之外，还有其他人物。由于时间精力有限，暂时未进行深入研究。思想的表达是一个复杂的过程，在论证西方科学与维新儒学的关系的过程中，由于本人学术能力有限，词不达意之处也在所难免。

第二章 维新儒学的形成及特征

本章主要围绕维新儒学这一概念而展开，分三个层次介绍：一是维新儒学的理论背景；二是维新儒学的基本内涵；三是维新儒学的重要范畴。

第一节 维新儒学的理论背景

一 洋务运动的衰落

1840年，第一次鸦片战争爆发，中国军队节节败退，清政府最终被迫签订丧权辱国的《南京条约》。自此，清政府统治下的中国更加风雨飘摇。

面对外忧内患，清政府统治者不得不做出反思以图富强。正是在这样的历史背景之下，洋务派开始登上历史舞台。大致来说，洋务派成员由两部分组成：一是组织和领导洋务运动的官僚，如奕䜣、文祥、曾国藩、李鸿章、左宗棠、张之洞等；二是为洋务运动出谋划策的知识分子，如魏源、冯桂芬、马建忠、薛福成等。前者为洋务运动的开展办了很多实事，如开工厂、办学校、派留学生等；后者为洋务运动的开展提供了理论支撑，如"经世致用""师夷长技以制夷""中体西用"等，大大削弱了来自顽固派的言论上的阻力。

洋务运动在恭亲王奕䜣的领导下，实施了诸多举措。第一，设立了总理衙门。总理衙门的主要职责是集中处理国家的对外事务，这使中国从此有了专门的外交机构，并且由此开始派遣驻外使节。第二，尝试建立新式军队。两次鸦片战争的惨败教训，使清政府意识到训练一支新式军队迫在眉睫。在洋务派的努力下，清政府开始聘请外国军官对中国军队进行军事训练，并建立了诸如北洋海军、南洋海军、福建海军、广东海军、浙江海军等新式化海军。第三，创办新式军用工业。军队的强大离不开先进的武器装备，洋务派在训练新式军队的过程中也注意军用工业的创办，如曾国藩创办的安庆内军械所、李鸿章创办的江南制造总局、左宗棠创办的福建船政局等。第四，创办新式民用企业。在创办军用工业的过程中，洋务派逐渐意识到仅凭军用工业难以实现国家自强的目的，如国家财政的不足、外国货物在中国的倾销，都不是仅凭军用工业能够解决的。于是，洋务派开始着手创办民用工业，如轮船招商局、开平煤矿、电报总局等。第五，创办新式学校。洋务派意识到，要办好洋务必须有精通西学的人才，于是洋务派着手创办了诸多新式学校，如同文馆、广方言馆、湖北自强学堂等。第六，派遣留学生。为了更好地培养人才，洋务派还向国外派遣了数批留学生。第七，翻译西书。在洋务派的主持下，同文馆、上海机器制造局、上海广方言馆等机构，翻译介绍了不少西学书籍，为西学在中国的传播做出了巨大贡献。洋务运动的诸多举措，对于挽救晚清政权而言虽然收效甚微，但在客观上也起到了一些积极的作用，如对中国外交体制、军事体制的改进，对工业化的进程的推进以及西学的引进等方面，都起到了积极的作用。

  与此同时，洋务派的种种举措也遭到了来自顽固派的激烈反对。这大概是晚清时期顽固派的普遍心态，这些人普遍认为中国的一切都胜于西方，完全没有必要向西方学习。在严酷的事实面前，他们依然我行我素，认为挽救时局有孔孟之道就足够了，西方科学只是技艺而已。如倭仁说："立国之道，尚礼义不尚权谋；根本之图，在人心不在技艺。"[①] 面对这样的顽固言论，洋务派的知识分子不得不站出来为洋务派做理论上的辩护。

  洋务派为其改革提出的理论依据最有影响力的有两条：一是"师夷长技以制夷"；二是"中体西用"。"师夷长技以制夷"主要由魏源

---

① 中国史学会编：《洋务运动》第二册，上海人民出版社1961年版，第30页。

提出，即学习西方先进的科学技术以抵制西方的侵略。"中体西用"即以中国的纲常名教为本，以西方的科学技术为用。显然，"中体西用"的核心在于一"变"一"不变"，"变的"是器物层面引进西方的科学技术，"不变"的是制度层面沿用中国原有的政治制度。可以说，"中体西用"就是洋务运动的核心指导思想。

1894 年，甲午战争爆发，北洋水师最终全军覆没，清政府迫于日本的军事压力于 1895 年签订了丧权辱国的《马关条约》。条约一出，立刻在全国引起了轰动，对洋务运动的反思批判在全国范围内展开。至此，历时 30 多年的洋务运动告一段落，维新派开始登上历史舞台。

二　维新变法的兴起

洋务运动的失败，使晚清中国的有识之士不得不对时局做出进一步的反思。以康有为、梁启超、谭嗣同等为代表的维新派将洋务运动的失败归结为只注重器物层面的技术引进而不注重制度层面的政治改革。因此，维新派主张制度变革，这成为维新派的共识。

梁启超表达了两层意思，深刻地反映了维新派对洋务运动的看法。首先，洋务运动并非真正的变法，并未起到改弦更张之作用；其次，洋务运动只重器物不重制度，这是其失败的根本原因。

谭嗣同对洋务运动的失败也提出了自己的看法。

在谭嗣同看来，洋务包括两个方面：一是轮船、电线、火车、枪炮、机器等技术的引进；二是西方法度政令之引进。谭嗣同认为，前者为枝叶后者为根本，而几十年的洋务运动只进行器物层面的改革，而没有制度层面的根本改革。这是谭嗣同对洋务运动的批评。

基于这样的判断，维新派强烈要求改制变法。

在康有为看来，晚清国势衰弱的根本原因在于制度之弊，官制散漫以至于营私舞弊，学校落后以至于人才匮乏，军事落后以至于兵勇皆乌合之众。因此，挽救时局的关键在于变法改制。在《公车上书》中，康有为说：

> 窃为皇上筹自强之策，计万世之安，非变通旧法，无以为治。①

梁启超也有这样的观点，他说：

> 吾今为一言以蔽之曰：变法之本，在育人才；人才之兴，在开学校；学校之立，在变科举；而一切要其大成，在变官制。②

在梁启超看来，无论育人才、兴学校还是变科举，都必须以变官制为前提。可见，在维新派看来，制度改革迫在眉睫。

基于这样的认识，维新变法运动在晚清社会上轰轰烈烈地展开。1895年，康有为、梁启超等在北京创办《万国公报》（后改名为《中外纪闻》）并组织强学会。1896年，《时务报》在上海创刊，梁启超任主笔。1898年，谭嗣同、唐才常等在湖南创办了《湘学报》并成立了南学会。在康有为、梁启超、谭嗣同等维新志士的感召下，全国各地陆续出现各种学会、新式学堂、报纸杂志，为维新变法的理论宣传做出了卓越的贡献。在维新派的影响下，光绪帝下决心变法改制。1897年冬，光绪帝接见康有为并授权康有为全面筹划变法。1898年6月11日，光绪帝颁布了"明定国是"诏书，变法正式开始。维新变法期间，光绪帝先后发布上百道变法政令，包括政治、经济、文教、军事等诸多层面。维新派的变法主张，触动了以慈禧为首的统治集团的利益，使维新变法很快以失败告终。1898年9月21日，慈禧太后发动政变，囚禁光绪帝于中南海瀛台并发布训政诏书，全面否定了维新变法。之后，慈禧太后下令抓捕维新志士。1898年9月28日，谭嗣同、杨锐、刘光第、林旭、杨深秀、康广仁六人在北京菜市口被残忍杀害。维新派在维新变法期间所推行的新政，除开办的京师大学堂

---

① 康有为：《上清帝第二书》，姜义华、张荣华编校，《康有为全集》第二集，中国人民大学出版社2007年版，第37页。

② 梁启超：《变法通议》，张品兴主编，《梁启超全集》第一册，北京出版社1999年版，第14页。

外，也被全部废止。

维新变法作为一场政治运动，在慈禧为首的顽固派的镇压下很快失败。但是，为维新变法提供理论指导的维新儒学却在这段时间形成。为了维新变法的有序推进，维新派需要处理两个问题：一是维新变法的具体主张；二是维新变法的理论依据。前文已述，洋务运动的失败使维新派意识到，只注重器物层面的改革是不行的，必须改变现有的社会制度。那么，到底如何改变现有的社会制度？这是维新派必须回答的问题，也是维新儒学的一个重要理论课题。康有为的《上清帝第二书》《上清帝第三书》《上清帝第四书》《上清帝第五书》《上清帝第六书》，梁启超在《时务报》上发表的诸篇文章以及谭嗣同的《思纬壹壹台短书——报贝元征》等文献均对此作了较为细致的回答。与此同时，维新变法遭到了来自顽固派的强烈反对，如何反驳其说以便更好地推进维新变法也是维新派不得不解决的理论难题。换言之，维新派必须为其维新变法找到理论依据，即为什么变法是必要的、合理的。康有为的《新学伪经考》《孔子改制考》《春秋笔削大义微言考》，梁启超于《时务报》上发表的诸多文章以及谭嗣同的《仁学》，均对此问题有所阐述。

基于这样的前提，维新儒学作为一种新的儒学形态逐渐形成。

第二节 维新儒学的基本内涵

一 维新儒学的概念界定

前文已述，洋务运动的失败使晚清中国的有识之士不得不对时局做出进一步的反思。以康有为、梁启超、谭嗣同为代表的维新派将洋务运动的失败归结为只注重器物层面的引进而不注重制度层面的改革，因此主张维新变法。在这样的背景之下，作为一场政治运动的维新变法顺势展开，而作为一种理论形态的维新儒学也在这个时期逐渐形成。维新儒学，就是为维新变法这场政治运动提供理论指导的儒学。

就"维新儒学"这个概念本身而言,最初在这个意义上使用这一概念的是山东大学的黄玉顺教授。黄玉顺教授曾经对不同历史时期的儒学形态作了一个区分,如其将秦汉至明清时期的儒学形态分别称为"汉唐儒学""宋明儒学""清代儒学",将近代的儒学形态分别称为"洋务儒学""维新儒学",将现代的儒学形态称为"现代新儒学"等。①

在黄玉顺教授看来,洋务儒学强调的是"器物"层面的改革,维新儒学强调的是"制度层面"的改革,现代新儒家强调的是"精神文化"的重建。进一步说,洋务儒学是为洋务运动提供理论指导的儒学,维新儒学是为维新变法提供理论指导的儒学,而现代新儒家则是试图建立一套新的儒家哲学。显然,维新儒学在黄玉顺教授这里是一种新的儒学形态。受文章主题及篇幅的限制,黄玉顺教授在作了这样一个界定之后并未展开讲维新儒学的具体内涵。

要界定"维新儒学"这一概念,关键在于如何理解"维新"二字?"维新儒学"是一种理论形态,而"维新"是一种政治运动。作为一种政治活动,"维新"有广义、狭义之分:最广义的"维新"(1840—1911年),始于鸦片战争,终于辛亥革命。鸦片战争之后,儒家士人开始不断思索如何改革以求国家富强的问题。不论是洋务派还是维新派,其目标都是"维新"变革。较广义的"维新"(1895—1911年),始于洋务运动的失败,终于辛亥革命的爆发。洋务运动的破产,意味着洋务派开始退场,维新派走向历史舞台。辛亥革命爆发后,清政府被推翻,维新派试图借光绪帝实行君主立宪的政治基础不复存在,意味着"维新"变革失去了社会基础;狭义的"维新"(1895—1898年),始于洋务运动的失败,终于戊戌政变的爆发。洋务运动破产后,维新派走向历史舞台。戊戌变法结束之后,维新派大势已去,维新运动也逐渐终止。

于是,作为一种儒学形态的"维新儒学",也有广义、狭义之分。

---

① 黄玉顺:《论"重写儒学史"与"儒学现代化版本"问题》,《现代哲学》2015年第2期。

最广义的维新儒学（1840—1911 年）始于鸦片战争，终于辛亥革命，在这一段时间凡是为维新变革提供理论指导的儒学都可以称作维新儒学。这样的维新儒学既包括洋务派的儒学理论，也包括维新派的儒学理论。较广义的维新儒学（1895—1911 年）始于洋务运动的失败，终于辛亥革命的爆发。在这段时间里，维新儒学主要指的是以康有为、梁启超、谭嗣同等为维新变法提供理论支撑的儒学。需要指出的是，戊戌变法之后，康有为、梁启超的思想都有所变化，需要区别对待。狭义的维新儒学（1895—1898 年），始于洋务运动的失败，终于戊戌政变的爆发。在这段时间内，维新儒学指的是以康有为、梁启超、谭嗣同等为代表的维新派为维新变法提供理论指导的儒学。

当然，这样的时间划分并非绝对的，以康有为、梁启超、谭嗣同为代表的维新派的理论活动并非始于 1895 年，事实上早在甲午海战之前，他们就已经开始了理论思考。如最初出版于 1891 年的《新学伪经考》是康有为阐述其维新儒学思想的重要著作，作于 1894 年的《思纬壹壹台短书——报贝元征》是谭嗣同系统阐述其维新儒学思想的重要文献。因此，维新派的理论创作至少可以追溯到 1891 年。同样，1898 年戊戌变法虽然失败了，但维新派代表人物康有为、梁启超的思考并未终止。只是，后期他们的思想都发生了一定程度的变化，思想论域也逐渐扩大，笼统将其思想称为维新儒学难免有些牵强。

本书倾向于在狭义的意义上使用"维新儒学"这一概念，即以洋务运动的结束为起点，以戊戌变法的失败为终点，这样划分有诸多优势：首先，这样可以与为洋务运动提供理论支撑的洋务儒学区别开来；其次，这样可以避免因康有为、梁启超等后期思想变化而带来的理论上的不确定性；最后，这一时期，无论是康有为、梁启超还是谭嗣同，其思想创作都是围绕维新变法而展开，有着很强的针对性和代表性。以这一阶段康有为、梁启超、谭嗣同的维新儒学思想为研究对象，完全可以完成本书的研究目标，即探讨西方科学在维新儒学的建构中所起的作用。此外，谭嗣同的维新儒学也在 1898 年随着其就义而结束。

综上所述，本书所谈的维新儒学，指的是为继洋务运动之后的维新变法运动提供理论指导的儒学。具体而言，包括以下几个内涵：

第一，从时间界限上讲，本书所指的维新儒学，以康有为《新学伪经考》的出版为起点，以戊戌变法的失败为终点。前文已述，虽然作为政治运动的维新变法始于1895年洋务运动的结束，但作为理论形态的维新儒学在这之前就已经开始了。所以，本书以1891年康有为《新学伪经考》的出版为维新儒学的起点，以1898年戊戌变法的失败为终点。

第二，从代表人物上讲，主要以康有为、梁启超、谭嗣同为代表。维新变法期间，活跃着诸多知识分子，为维新变法提供理论依据的也不仅仅是康有为、梁启超、谭嗣同。限于文章的篇幅及整体构思，本书仅以此三人为例。

第三，从理论目标上讲，本书所讲的维新儒学思考的问题是如何在区别于洋务派和革命派的前提之下，通过制度改革而实现民族复兴。

二 维新儒学的两个维度

前文已述，维新儒学指的是为维新变法提供理论指导的儒学。这意味着，维新儒学至少需要回答两个问题：一是如何变法的问题，即维新变法的具体主张；二是为什么要变法的问题，即维新变法的理论依据。只有回答了这两个问题，维新儒学才算是完成了自己的历史使命。可以说，维新变法的具体主张以及维新变法的理论依据，是维新儒学的两个基本维度，二者缺一不可。

1. 维新变法的具体主张

维新派与洋务派的最大区别在于，洋务派持"中体西用"之说，主张在不改变现有社会制度的基础之上引进西方的科学技术，以达到其"师夷长技以制夷"的目的，而维新派认为仅仅引进西方的科学技术是不够的，还要改变现有社会制度。也就是说，是否改变现有社会制度（君主专制）是维新派与洋务派的根本区别。作为一种为维新变法提供理论依据的儒学形态，维新儒学首先要回答的问题就是如何改变现有社会制度，即维新变法的具体主张是什么？这是维新儒学的基本维度之一。

大致来说，维新派在政治上都批判君主专制、主张模仿西方议会制度，在经济上都批判小农经济、主张发展民族资本，在文化上都批判科举制度、主张引进西方科学技术。就康有为而言，其在政治层面主张立宪法、开国会、设制度局，在经济层面主张发展工业实业、完善金融体系、鼓励自由通商，在文化层面主张立孔教为国教、废科举兴学校。就梁启超而言，其在政治层面要求"兴民权"，在文化层面主张变科举、兴学校、建学会。就谭嗣同而言，其在政治层面极力批判君主专制制度，主张模仿西方的议会制度、主张以学会代议会，在经济层面主张放弃传统的小农经济、鼓励自由通商，在文化层面主张废科举、兴学校。

前文已述，维新儒学即为维新变法提供理论指导的儒学。这意味着，维新儒学不仅要为维新变法提供理论指导，而且这种理论指导属于儒学的范畴。那么，维新派所提出的这些变法主张能否被视为儒学呢？笔者认为是可以的。

首先，维新派的变法主张属于制度建构的问题，而制度建构本来就是儒家思考的重要问题。儒家哲学既有"形上学"的建构，也有"形下学"的展开。所谓"形上学"建构，即儒家对仁、义、礼、智等观念的"形上学"阐释；所谓"形下学"，即儒家"形上学"观念在"形下"层面的展开。这种展开体现在两个方面：一是社会规范层面，即制度的设计；二是知识论的层面。关于制度的设计，儒家从先秦开始就一直在思考这个问题。如孔子一生致力于恢复周礼，而周礼本身就是一套制度安排。又如汉代董仲舒的"三纲五常"，这也是一种制度设计。关于知识论的层面，儒家也有自己的思考。如张载提出的"见闻之知"与"德性所知"，这是儒家对知识的一种基本分类。前者体现儒家知识论的经验主义之维，[①] 后者体现了儒家知识论的理性主义之维。总之，作为一种理论形态，制度建构是儒家形下学思考的一个重要问题。随着时代的变迁，这种制度安排也在不断地发生变

[①] 参见苗建荣《见闻之知：儒家知识论的经验之维》，《自然辩证法研究》2019年第4期。

化，如"三纲五常"这一概念到了汉代才出现，但其是儒学的重要组成部分。同样，维新派所说的立宪法、开国会、兴学校、建学会等概念传统儒家并没有，但他们却是儒家形下学的制度建构必须思考的问题。从这个层面讲，维新派的变法主张完全可以被视为儒学的有机组成部分。

其次，在维新派看来，他们的变法主张并非来自西学，而是儒家本来就有的。如康有为就认为君民共主的立宪制并非西方所独有，而是孔子的制度安排。

按照康有为的设想，从据乱世到升平世再到太平世，就是从君主制到立宪制再到民主制的进化。以康有为等为代表的维新派，认为这是《春秋》的微言大义，是孔子的改制主张。因此，虽然在今天看起来君主立宪制来自西方，但在维新派看来这是儒家本来就有的，是儒学的有机组成部分。

最后，维新派的变法主张，都有着深深的儒学依据，是儒家"形上"观念的"形下"落实。维新儒学，不仅有形下层面的制度设计，还有形上层面的理论建构。以谭嗣同为例，其在政治上主张模仿西方议会制度，以学会代替议会以达到上下通情的目的，在经济上主张发展民族资本主义，鼓励自由通商以达到自由通商的目的，在文化上主张废科举、兴学校达到中西通学的目的。这种政治上的通情、经济上的通商、文化上的通学是何以可能的呢？谭嗣同通过对儒家仁观念的重新阐释给出了其"形上学"依据。谭嗣同说"仁以通为第一义"，又指出通有四义：中外通、上下通、男女内外通、人我通。中外通、人我通，才能在文化上中西通学；上下通、男女通，才可以在政治上上下通情；中外通、人我通，才可以在经济上自由通商。又说："通之象为平等。"事实上，平等正是上下通情、自由通商、中西通学的必要条件。这意味着，上下通情、自由通商、中西通学均是仁的体现，是仁的必然要求。显然，按照谭嗣同的设想，其变法主张并非西学，而是儒家仁观念的必然要求，是儒家仁观念的"形下"落实，是儒学的有机组成部分。

总之，维新派所提出的维新变法的具体主张，不仅为其维新变法提出了具体的改革方案，而且就其理论渊源来说，也与儒学有着密切的联系，是在儒家理论基础上生根发芽的。这意味着，维新派为维新变法所提出的变法主张，是维新儒学的重要组成部分，也是维新儒学不可或缺的一个重要维度。

2. 维新变法的理论依据

作为一种为维新变法提供理论指导的儒学形态，维新儒学不仅回答了如何变法的问题，而且还回答了为什么要变法的问题。前者即维新变法的具体主张，后者即维新变法的理论依据。维新变法的理论依据，是维新派在变法实践中与顽固派的理论斗争中形成的，其目的是对付来自顽固派的理论上的阻力。作为维新派的代表人物，康有为、梁启超、谭嗣同均为其变法主张提供了必要的理论依据。如康有为的三世进化说，认为从君主制到立宪制是《春秋》的微言大义，是孔子的制度安排。梁启超通过对变易观念、夷夏观念、进化观念的阐释，强调变法的必然性。谭嗣同以通释仁，为其政治上、经济上、文化上的变法主张提供了一个来自儒家的"形上学"依据。而且，谭嗣同对夷夏观念、进化观念、日新观念、仁通观念的阐释也都从理论上论证了维新变法的合理性、必要性。

前文已述，维新儒学即为维新变法提供理论指导的儒学。这意味着，维新儒学不仅要为维新变法提供理论指导，而且这种理论指导属于儒学。显然，就维新派为其变法所提供的理论依据而言，均属于传统儒学的范畴，或者说是在传统儒学的基础之上根据维新变法的需要而做出的理论发挥。如三世进化说，康有为、梁启超、谭嗣同都讲，但三世进化说的理论渊源出自《春秋》，是儒家今文经学的核心概念。又如变易观念，其理论渊源出自《易传》"穷则变，变则通，通则久"之说。再如谭嗣同的仁学思想，与儒家的仁观念是一脉相承的。因此，维新派为其维新变法的具体主张所提出的理论依据就是基于儒家的学说而提出的。进一步说，维新派为维新变法的具体主张所提出的理论依据实质上是儒学依据。

那么，这样的理论依据是否解决了为什么要进行维新变法的问题呢？笔者认为这是肯定的。

以康有为的三世进化为例，三世进化的核心观点是从君主专制到君主立宪再到民主共和，是《春秋》之微言大义，是孔子所设定的。晚清时期的中国，正处在君主专制的统治之下，维新派在政治上希望实现君民共治的立宪制。因此，从理论上说，维新派需要找到某种理论支撑以证明其所提出的立宪制的合理性。于是，康有为借孔子之口提出三世进化说，强调从君主专制到君主立宪制再到民主共和制的历史必然性。这意味着，君主专制必然要进化到君主立宪，这正是维新变法所需要的论断。

以梁启超的夷夏观念为例，夷夏观念本出自《春秋》，到了晚清成为各派别都要谈的一个问题。顽固派借夷夏观念来反对洋务运动、反对维新变法，洋务派借夷夏观念来引进西方科技，维新派借夷夏观念来为政治变革提供理论依据，革命派借夷夏观念来激发民族凝聚力，不同的派别对夷夏观念有不同的解释。事实上，在晚清的历史背景下，"夷"是西方的抽象表达，而"夏"是中国的抽象表达，夷夏之争归根结底是中西之争，对夷夏关系的阐释将会决定改革的方向。作为维新派的代表人物，梁启超一改之前坚守夷夏之防并强调华夏民族优越性的观点，提出了三项主张：一是《春秋》无攘夷之义；二是夷狄与华夏的区别不在地域和民族而在于国家的行为及制度；三是主张取消夷夏之别并虚心向其学习。既然《春秋》并无攘夷之义，那么排斥西方就是没有理由的，至少不是儒家的态度；既然夷狄与华夏的区别不在地域之别而在文明程度，那么就不应该以西方为夷狄；既然夷夏平等，那么就应该主动向西方学习。可以说，这些论断都是维新变法所需要的。这些观点一方面有力地驳斥了顽固派，另一方面也为维新变法的推进提供了理论依据。

以谭嗣同的道器观念为例，谭嗣同赋予了道器关系两层含义：一是道器并改；二是器决定道。道器并改意味着，只改器而不改道是不行的，这是对洋务派的批判。洋务派坚持"中体西用"的观点，以中学为道，以西学为器，认为道层面的中学可以不改，只要引进器层面的西方科学技术即可。谭嗣同提出道器并改，正是对这种观点的回应，这意味着不仅要吸收西方的科学技术，还要改革中国的社会制度。器决定道，则是一个更深刻的命题。洋务运动进行了三十余年，器物层面已经做出了很大改变。器决定道意味着，既然器物层面变了，那么道的层面也需要变了。这意味着，社会制度的改革已经具有了某种必然性。显然，谭嗣同的道器观念中包含着维新变法的诉求，也是维新变法所需要的论断。

总之，维新派为其维新变法的具体主张提出了诸多理论依据，这些理论依据不仅出自儒家学说，而且为其变法提供了有力的理论支撑，论证了其变法主张的合理性、必要性，这使维新变法的理论依据成为维新儒学的另外一个重要维度。

第三节 维新儒学的重要范畴

在儒学史上曾经有过多种理论形态，如先秦子学、两汉经学、宋明理学等，他们都有一套各自相对较为固定的话语系统。如先秦子学所谈的仁、义、礼、忠恕、孝悌，两汉经学所谈的天人感应、性三品说、三纲五常，宋明理学所谈的理、气、天命之性、气质之性、见闻之知、"德性"所知等。这些相对较为固定的范畴，构成了其作为一种儒学形态的鲜明特征。事实上，维新儒学作为晚清时期出现的一种新的儒学形态，也有其相对较为固定的话语系统，也有相对较为固定的重要范畴。这些范畴可以分为两类：一是变法主张层面的；二是变法依据层面的。

一 变法主张层面的范畴

就变法主张层面而言，维新派讨论了诸多相对较为固定的问题，形成了诸多相对较为固定的范畴，如通情、制度局、兴民权、废科举、兴学校、建学会等，维新派的变法主张基本上是通过这些范畴的使用而展开的。

1. 通情

通情，指的是皇帝和臣民之间互相了解情况，是维新派经常使用的一个概念。在维新派看来，君主专制体制最大的弊端就是上下不通情。关于这一点，康有为和谭嗣同均有阐述。康有为多次强调，国家贫弱的根本原因在于上下不通情。早在1988年的《上清帝第一书》中，康有为就强调，洋务运动虽然作了很多改革但并不见效，根本原因就在于不通下情。因此，康有为主张增设"训议之官"，向皇上汇报下情。康有为所讲的"训议之官"，主要职责是向皇帝上书言事，让皇帝知道民间的实情。在后来的上书、奏折中，康有为多次强调通情的重要性。

在康有为看来，晚清中国之种种弊端，皆因上下不通情所导致。一个省内仅有总督、巡抚这样的人才可以上奏章，而这些人又由于种种原因不敢尽言，这就使皇帝的信息极为闭塞，百姓也没有向上表达自己诉求的渠道。

谭嗣同也在其《壮飞楼治事十篇》中专辟通情一节，强调通情的重要性。

在谭嗣同看来，中国被动落后的局面也与上下不通情有着很大的关系。维新派对于这一问题均有自己的阐释，这使通情成为维新儒学在变法主张层面的一个重要范畴。

2. 制度局

制度局，是康有为在维新变法时期模仿西方的三权分立制度而提出的一种制度设计，也是为实现其君主立宪的政治主张的具体措施。在《上清帝第六书》（又名《应诏统筹全局折》）中，康有为指出：

西方国家之所以"政体备"，在于其议政权、行政权、司法权三权分立。而中国却完全没有议政机构，军机处仅为"喉舌之司"而没有议政权，各部寺、督抚也仅为行政之官而没有议政权。基于这种认识，康有为提出设制度局的主张。从编制上说，制度局由总局和十二分局构成。总局的职责是议定新政，十二分局的责任是推行新政。十二分局分别包括：法律局、度支局、学校局、农局、工局、商局、铁路局、邮政局、矿务局、陆军局、海军局。康有为的制度局，实质上是对三权分立的模仿。制度局总局类似于行使"议政权"的机构，十二分局类似于行使"行政权"和"司法权"的机构。

3. 兴民权

兴民权，即争取中国人的政治权利，是梁启超在维新变法时期提出的变法主张。梁启超认为，要进行制度改革，必须先兴民权，让中国人拥有参政议政的权利。然而，在清政府的专制统治之下，中国人长期缺乏参政议政的政治意识，这使中国人几乎没有参政议政权。因此，梁启超指出，欲兴民权先开民智，"有一分之智，即有一分之权。有六七分之智，即有六七分之权"①。梁启超进一步指出，要开民智需要从三个方面入手：一是开民智；二是开绅智；三是开官智。开民智，即通过改革教育、引进西学的方式大大开阔中国人的眼界；开绅智，即通过宣传教育的方式使绅士可以像西方议会制度下的议员一样作为上下通情的桥梁；开官智，即通过提高官员的觉悟、增加官员的知识来改良体制，以达到其变法的目的。梁启超的兴民权是在其学习西方议会制度的基础上提出来的，无论是开民智、开绅智还是开官智，都是为其模仿议会制度服务的。梁启超试图通过开绅智使绅士变成议员，而通过开民智和开官智，使作为议员的绅士能够很好地活动于民和官之间。

兴民权，是梁启超在维新变法期间经常用来表达其变法诉求的一个概念，维新派的许多主张都包含有这样的诉求。

4. 废科举

废科举，即废除延续多年的科举制度，这是维新派的共识。康有为指出，科举取士制度，使读书人为了考取功名而将全部精力投入四书、八股、楷法当中，以至于连司马迁、范仲淹、汉高祖、唐高宗都不知是谁，更不用说世界各国的形势了。梁启超认为，晚清之科举制度有着诸多的弊端：一是科举内容空疏无用；二是录取比例不合理造成的人才流失；三是科举制度使掌握西学的新式人才无用武之地。因此，梁启超强烈主张废除科举制度。他说："故欲兴学校、养人才以

---

① 梁启超：《变法通议》，张品兴主编，《梁启超全集》第一册，北京出版社1999年版，第177页。

强中国,惟变科举为第一义,大变则大效,小变则小效。"① 谭嗣同认为,在传统科举制度的影响之下,中国人都热衷于做官,科举考什么他们就学什么,对于掌握一门实在的本领毫无兴趣。他说:"西人鄙中国之士,志趣卑陋,止思作状元宰相,绝不自谋一实在本领,以济世安民。"② 谭嗣同认为,晚清有此被动局面关键在于科举制度,因为科举所选之士"至如今日一无所长,而流为废物"③。如果能够于数十年前参照西方而变科举制度,则不会有此时之局面。

废科举,是维新派的共识,康有为、梁启超、谭嗣同对此都有详细的阐述,也是维新儒学在变法主张层面的一个重要范畴。

5. 兴学校

兴学校,即大量建立新式学校,这也是维新派的共识。康有为认为当前必须效法西方国家,大兴学校以育人才。在康有为的设想中,已经有了小学、中学、大学的雏形。梁启超认为,国家要自强首先要开民智,而开民智的关键在于学校。他说:"故言自强于今日,以开民智为第一义。智恶乎开? 开于学。学恶乎立? 立于教学校之制。"④ 兴学校,是梁启超维新变法的重要主张。谭嗣同在其《思纬氤氲台短书——报贝元征》一文中,提出了较为详细的兴学校的方案。

兴学校,是维新派在表达自己的变法主张时经常使用的一个概念,也是维新儒学的一个重要范畴。

6. 建学会

建学会,即大量建立学会组织,维新派代表人物梁启超、谭嗣同对此都有详细的阐述。梁启超认为,西方人之所以人才充足是因为西方有许多学会。

---

① 梁启超:《变法通议》,张品兴主编,《梁启超全集》第一册,北京出版社1999年版,第24页。
② 谭嗣同:《思纬氤氲台短书——报贝元征》,李敖主编,《谭嗣同全集》,天津古籍出版社2016年版,第391页。
③ 谭嗣同:《思纬氤氲台短书——报贝元征》,李敖主编,《谭嗣同全集》,天津古籍出版社2016年版,第391页。
④ 梁启超:《变法通议》,张品兴主编,《梁启超全集》第一册,北京出版社1999年版,第17页。

梁启超认为,中国讲新法三十年而无成果,主要原因是人才匮乏,而建学会是补充人才的重要手段。要兴农业,建农学会,则农业人才足够用;要兴工业、商业、军事,则建工学会、商学会、军工学会,则相关人才足够用了。

在谭嗣同的设想中,学会不仅是一个学术团体,而且是一个政治团体。从学术团体的角度讲,"有会则必先有学,若农学,若工学,若商学、若矿学、若医学,若凡天地化电图算格致诸学,无一不当有会,而统之于总学会与分学会。"① 从政治团体的角度讲,各省设有总学会,总督、巡抚以及学政均可入会;各府、各厅、各州、各县均设分学会,地方官吏均可入会。此外,分学会受总学会的领导。学会的作用是:

> 官欲举某事,兴某学,先与学会议之,议定而后行。议不合,择其说多者从之;民欲举某事,兴某学,先上于分学会;分学会上总学会。总学会可行之。②

谭嗣同为学会设想了这样的政治权力,即政府官员想做某件事情无论是社会事务还是学术事务,先通过学会来讨论一番;同样,人民想表达自己的诉求也可以通过学会这样的组织来向上传达。按照谭嗣同的设想,每个省设一个总学会,各地方再设分学会,大小事务都通过学会来讨论一番再做决定,这与西方的议会制度有很大的相似性。

总之,维新派所说的学会,既有学术层面的意义,也有政治层面的意义。梁启超所讲的学会主要强调前者,谭嗣同所讲的学会主要强调后者。兴学会,是维新派在维新变法时期表达其变法诉求时常常使用的一个概念,也是维新儒学的一个重要范畴。

---

① 谭嗣同:《壮飞楼治事十篇》,李敖主编,《谭嗣同全集》,天津古籍出版社 2016 年版,第 82 页。
② 谭嗣同:《壮飞楼治事十篇》,李敖主编,《谭嗣同全集》,天津古籍出版社 2016 年版,第 82 页。

二　理论依据层面的范畴

就变法的理论依据层面而言，维新派讨论了诸多相对较为固定的问题，如进化观念、夷夏观念、道器观念、变易观念、托古改制、仁通观念等，维新派为其变法主张所提的理论依据基本上是通过上述范畴的使用而展开的。

1. 进化观念

进化观念是维新派用来为其维新变法提供理论依据的一个重要范畴，康有为、梁启超、谭嗣同都对此有详细的阐述。三世说是儒家公羊学派基于《春秋》而提出的关于历史进化的理论，最早由董仲舒阐发而成。后来，东汉的何休又在其基础上对三世的特征进行了进一步的规定。至此，三世说的理论框架基本形成。到了晚清时期，为了满足维新变法的理论需要，维新派在原有三世说的基础上注入了新的内容，使三世进化说成了维新变法的重要理论依据。康有为在原《春秋》三世说的基础上赋予了三世新的内涵，即以君主制为据乱世，以立宪制为升平世，以民主制为太平世。康有为认为，从据乱世到升平世再到太平世，从君主制到立宪制再到民主制有其历史必然性。这意味着，清政府统治下的中国必然要由君主专制走向君主立宪制，这样的结论正是其维新变法所需要的。谭嗣同也在《春秋》三世说的基础上提出了其"顺三世""逆三世"的学说，强调了变法改制的必然性。

大致来说，三世进化强调历史进化的必然性，强调从君主专制到君民立宪的必然性，这正是维新变法所需要的。维新派对三世进化都有所阐述，是其为维新变法提供理论依据的一个重要概念，因而也是维新儒学的一个重要范畴。

2. 夷夏观念

夷夏观念自古有之。先秦时期，孔子出于维护周礼的需要，提出"夷狄之有君，不如诸夏之亡也"。[①] 孟子说："吾闻用夏变夷者，未

[①] 杨伯峻：《论语译注》，中华书局1980年版，第24页。

闻变于夷者也。"① 唐代韩愈发起排佛运动，提出佛本"夷狄"之人，主张罢黜佛教。宋代陆九渊说："圣人贵中国，贱夷狄，非私中国也。中国得天地中和之气，固礼义之所在。贵中国者，非中国也，贵礼义也。"② 明清之际，王船山再次提出夷夏观念，他说："天下之大防二：中国、夷狄也，君子、小人也。非本末有别，而先王强为之防也。夷狄之于华夏，所生异地，其地异，其气异矣……"③ 大致来说，传统的夷夏观念强调华夏的优越性，主张坚守夷夏之防。晚清时期，随着西方列强的侵入，"夷""夏"被赋予了新的内涵，夷夏观念也重新进入儒家士人的视野。顽固派借夷夏之防来反对洋务、反对变法，革命派借夷夏观念来加强民族凝聚力，不同的派别对夷夏观念有不同的解释。作为维新派的代表人物，梁启超一改之前坚守夷夏之防并强调华夏民族优越性的观点，提出了三项主张：一是《春秋》无攘夷之义；二是夷狄与华夏的区别不在地域和民族而在于国家的行为及制度；三是主张取消夷夏之别并虚心向其学习。谭嗣同后期也主张取消夷夏之别，建议夷夏通商、互利互惠。这些观点，对于维新变法的推进而言有着重要的理论意义。

总之，维新派在夷夏关系这个问题上，通常都反对夷夏之防，主张夷夏平等并鼓励互相学习、自由通商。这些观点一方面有力地驳斥了顽固派，另一方面也为维新变法的推进提供了理论依据。这使夷夏观念也成为维新儒学的一个重要范畴。

3. 变易观念

面对晚清数千年未有之变局，维新派要求全面变革，顽固派则在阶级利益的驱使下要求固守祖宗之法，强调"天不变道亦不变"，变法与不变法成了维新派与顽固派争论的根本问题。随着双方争论的逐渐深入，这个问题逐渐"形上学"化，变法与不变法的问题就成了一个"形上学"问题。如果这个世界是"变动不居"的，那么变法就

---

① 杨伯峻：《孟子译注》，中华书局2008年版，第94页。
② 陆九渊：《象山先生全集》，《儒藏》（精华编）第二三七册，北京大学出版社2014年版，第316页。
③ 王夫之：《读通鉴论》中册，中华书局1975年版，第431页。

是理所当然的；如果这个世界是静止不动的，则变法就是违背天意的行为。维新派主张世界的存在方式就是不断地变化，这就是其变易观念。在《变法通议》自序中，梁启超强调天地万物无不在变化之中，古今社会制度无不在变化之中，某姓王朝制度也无所不在变化之中。

维新派在变易观念上，强调世界的不断变化，有力地驳斥了顽固派"天不变道亦不变"的观点。这对于维新变法而言是十分有利的，这意味着变易观念也是维新儒学的一个重要范畴。

4. 道器观念

道器观念也是维新儒学的一个重要范畴。道器观念最早出自《易传》"形而上者谓之道，形而下者谓之器"。就晚清而言，"道"指基于儒家学说的名教纲常，而"器"指以西方科学技术为主要内容的西学。例如，王韬说："器则取诸西国，道则备自当躬，盖万世不变者，孔子之道。"① 再如，薛福成说："取西人器数之学，以卫吾尧舜禹汤文武周孔之道。"② 道器观念之所以重要，在于这样一个观念里边隐藏了中学和西学的关系。

首先，在道器关系上，以谁为主导是洋务派或维新派都必须处理的一个理论问题。如果以道为主以器为辅，那么就意味着儒家原有的纲常名教不可改变，只有以西方科学技术为主要内容的器才可以改变。而且，改变器的前提是道不可改。如果以器为主以道为辅，那么就意味着器不可改而道要改革了。还有一种情况是道器并重，道与器同时改，这是维新派的观点。换言之，即道和器改革谁的问题。如果改器不改道，即洋务儒学的观点，中体西用。如果道器并改，即维新儒学的观点，在引进西方科学的基础上改革政治制度。

其次，道和器之间是独立并存的关系，还是决定与被决定的关系，这也是维新儒学不得不处理的一个关键问题。如果道器之间可独立并存，那么改器不影响道，改道也不会影响到器。如果道和器之间

---

① 王韬：《弢园文录外编》，上海书店出版社2002年版，第266页。
② 薛福成：《筹洋刍议》，徐素华选注，《薛福成集》，辽宁人民出版社1994年版，第90页。

是决定与被决定的关系,那么谁决定谁就是一个重要问题。如果道决定器,有什么样的道即有什么样的器,那么,中体西用是何以可能的?以中学为体,何以能够产生西学之用?这个问题受到了维新派的质疑。如严复就认为,牛之体有牛之用,马之体有马之用,不能以牛为体以马为用。如果体决定用,那么,中体西用同样遭受质疑。因为,随着西学的大规模传入,原有之中体必然崩塌。

在谭嗣同看来,器与道并非独立并存的关系,而是决定与被决定的关系,是器决定道的关系。这意味着,如果器改变了,那么道也必须做出改变。洋务运动以来,学习西方一直处于器物层面。按照洋务派的主张,只要学习器物层面即可。谭嗣同认为,既然器物层面改变了,道也必须改变。显然,谭嗣同的道器观念,包含着维新变法的诉求。

总之,道器关系是维新变法的理论依据之一,也是维新儒学的一个重要范畴。

5. 托古改制

托古改制是维新派讨论的一个重要问题,也是维新儒学的一个重要范畴。一般而言,托古是指假托古人之言来阐发自己的政治主张。维新变法时期,托古改制是指孔子假托尧、舜、文王等圣人来阐发自己的政治理想,这种政治理想就是三世进化。康有为、谭嗣同对此均有所阐述。在《孔子改制考》中,康有为称孔子为新王、素王、文王、圣王、先王、后王、王者等,赋予了孔子至高无上的地位。谭嗣同也谈过这个问题:"孔虽当据乱之世,而黜古学,考今制,托词寄义于升平太平,未尝不三致意焉。"[①] 这里所说的"托词寄义于升平太平"即孔子托古改制之义。

总之,肯定了孔子托古改制,也就相当于为三世进化说找到了一个权威,这意味着维新变法的主张并非来自后人,而是孔子的本意。这样的论断对于维新变法而言是十分有利的,也是维新派所需要的。

[①] 谭嗣同:《仁学》,李敖主编,《谭嗣同全集》,天津古籍出版社 2016 年版,第 45 页。

因此，维新派大都强调托古改制的真实性，使托古改制成为维新儒学的一个重要范畴。

6. 仁通观念

"仁通"观念，是谭嗣同"仁以通为第一义""仁即通""通即仁"的概括。谭嗣同在深入考察传统儒家仁观念的基础上，结合西方自然科学的"以太"概念，将"仁"观念解释为"通"。谭嗣同进一步指出，通有四义：中外通、上下通、男女内外通、人我通。谭嗣同又说："通之象为平等。"这意味着，通即是中外平等、上下平等、男女内外平等、人我平等。进一步说，中外平等、上下平等、男女内外平等、人我平等是仁观念的体现，否则就是不仁。谭嗣同在政治上主张上下通情，经济上主张自由通商，文化上主张中西通学。谭嗣同以通释仁意味着其所提出的这些主张均是儒家仁观念的"形下"展开，是儒家仁观念的必然要求。

谭嗣同的"仁通"观念，为其维新变法的具体主张提供了一个"形上学"的依据，而且这个依据正是儒家的核心观念。这意味着，"仁通"观念也是维新儒学的一个重要范畴。

第三章　西方科学与康有为维新儒学的建构

本章主要介绍西方科学在康有为维新儒学建构中的作用，进一步说，即西方科学与康有为维新儒学的关系，分三个层次完成：一是康有为对西方科学的了解；二是康有为的维新儒学思想；三是西方科学对康有为维新儒学的影响。前文已述，维新儒学有两个基本维度：一是维新变法的基本主张；二是维新变法的理论依据。因此，康有为的维新儒学分两个层次介绍：一是康有为维新变法的基本主张；二是康有为维新变法的理论依据。同样，西方科学对康有为维新儒学的影响也从这两个维度展开：一是西方科学对康有为的变法主张的影响；二是西方科学对康有为的变法依据的影响。

第一节　康有为对西方科学的了解

康有为对西方科学始终保持着高度的热情，从其著述中随处可见其对西方科学的引用及发挥。从现有材料来看，维新时期的康有为已经对西方科学有了较为深入的了解。这主要体现在两个方面：一是康有为读过不少西方科学书籍；二是康有为了解了不少西方科学知识。

一　康有为读过的西方科学书籍

康有为对西方科学的了解，离不开其对西方科学类著作的广泛阅读。康有为到底读过什么西方科学类书籍并读到什么程度？今天并无确定的材料可考。但是，我们依然可以从其著述中找到一些线索以作推断。大凡多次给学生推荐并介绍其内容的书目，康有为至少是浏览过的。

1894 年，康有为于桂林讲学并作《桂学问答》一文。在《桂学问答》中，康有为向学生推荐了诸多著作。在谈到西学时，康有为说：

> 西学：《谈天》《地理浅识》《天文图说》《动物学》《植物学》《光学》《声学》《电学》《重学》《化学》，有《西学大成》辑之。有《全体新论》《化学养生论》《格致鉴原》《格致释器》《格致汇编》。（康有为自注：此书是丛书，各种学皆有。）《格致汇编》最佳，农桑百学皆有。①

在谈到数学时，康有为说：

> 数学考古则《算书十经》，而以《四元玉鉴》为至精。从今则《钦定数理精蕴》，而以《梅氏丛书》为至一专。西法则以《几何原本》为入门，而以《代数术》《微积分》《微积溯源》《代微积拾级》为至深。而《数学启蒙》最便入门。近人《行素斋数学》论之最精详。天文地理各学皆从算学入，通算犹识字也。②

上述所引材料，还出现在《南海师承记》中。1896—1897 年期间，康有为的学生张伯桢在万木草堂听课期间将康有为课上所讲内容记录下来，经后人整理形成《南海师承记》。在《南海师承记》中，张伯桢记录了康有为在课上向学生所推荐的一些书目。其中，关于西学类书籍和数学类书籍，康有为向学生所推荐的书目与上述书目完全相同。

康有为两次谈及上述书目，说明康有为对上述书籍的内容是比较

---

① 康有为：《桂学问答》，姜义华、张荣华编校，《康有为全集》第二集，中国人民大学出版社 2007 年版，第 23 页。
② 康有为：《桂学问答》，姜义华、张荣华编校，《康有为全集》第二集，中国人民大学出版社 2007 年版，第 23 页。

熟悉的。此外，下文将谈到康有为对许多西方科学知识，诸如天文学知识、地质学知识、物理学知识、化学知识、数学知识、医学知识等，都是有所了解的。如果没有对上述书籍的广泛涉猎，康有为是不可能熟悉这些西方科学知识的。这也从另一个层面证明，康有为对上述书籍是比较熟悉的。如果我们根据上述著作的内容作一些分类，即可看出，康有为对西方科学的涉猎还是相当广泛的。康有为对西方科学的了解大致包括如下类别：数学类：《几何原本》《代数术》《微积分》《微积溯源》《代微积拾级》《数学启蒙》；物理类：《光学》《声学》《电学》《重学》；化学类：《化学》；生物学类：《动物学》《植物学》；天文学类：《谈天》《天文图说》；地质学类：《地理浅识》；医学类：《全体新论》《化学养生论》；基础类：《西学大成》《格致鉴原》《格致释器》《格致汇编》。应当说，康有为对上述著作皆是有所了解的，至少浏览过，一些著作的内容应该深思熟虑过。

二 康有为了解的西方科学知识

维新变法时期，康有为读过西方科学类书籍，这决定了康有为也了解了一些西方科学知识。这不仅仅是一种推测，从其著述中也可以找到一些材料加以佐证。

1. 康有为对天文学知识的了解

康有为曾经向其学生推荐《谈天》《天文图说》这两部天文学著作，这说明其对天文学知识是有一定了解的。这种了解不仅仅在于其推荐这种行为本身，更为重要的是其著述中有谈论天文学知识的材料。在《康南海先生讲学记》中，康有为的学生张柏桢记录了1896年间康有为的讲课内容。康有为在课上说：

> 光绪二十一年，考出恒星二百四十余。地绕日之说为高白尼所创。恒星之光与日同。经星之光，用镜见之，其光缩小，恒星则不然。日之黑点发出来十四万里地，约五万岁。[1]

---

[1] 康有为：《康南海先生讲学记》，姜义华、张荣华编校，《康有为全集》第二集，中国人民大学出版社2007年版，第109页。

从这段材料可以看出，康有为已经了解了恒星、行星、哥白尼之日心说、太阳黑子等天文学知识。又说：

> 日统摄八星。八星者何？金、木、水、火、土五星，另有天王、海王二星，本地球为地星，共为八星。凡八星皆有人类，西人言之详矣。日有吸力，故能统摄诸星。诸星皆运日而行。本地球每岁运一周，每日有自转力，一转为一日。月为地球所生，现未有人类。月无光，假日之光以为光。日浊，明外影。日清，明内影。①

从这段材料中可以看出，康有为已经了解到了宇宙天体模型、万有引力、地球公转一圈为一年、地球自转一圈为一日、月亮之光来自太阳等天文学知识。

2. 康有为对地质学知识的了解

康有为在其著述中多次谈及其对动植物及地球进化的看法，说明其对地质学知识是有所了解的。关于地球的演变进化，康有为将其分为三个时期：一是荒古，二是远古，三是近古。康有为认为，地球上的动植物及人类都是在这三个时期依次形成的。康有为说："荒古以前生草木，远古生鸟兽，近古生人。人类之生，不能过五千年。"② 在这里，康有为给出了一个时间上的进化次第，即先有草木，后有鸟兽，再有人类。那么，草木、鸟兽及人类又从何而来呢？康有为认为，一切从湿而生，由湿生出苔，由苔生出万物。康有为说："凡有湿，则能生，故石上无土，亦可生莓苔。"③ 又说："苔为人物之

---

① 康有为：《康南海先生讲学记》，姜义华、张荣华编校，《康有为全集》第二集，中国人民大学出版社 2007 年版，第 119 页。
② 康有为：《万木草堂口说》，姜义华、张荣华编校，《康有为全集》第二集，中国人民大学出版社 2007 年版，第 140 页。
③ 康有为：《万木草堂口说》，姜义华、张荣华编校，《康有为全集》第二集，中国人民大学出版社 2007 年版，第 137 页。

始。"① 可见，在康有为看来，动植物及人类的进化按如下次第逐渐生成：湿→苔→人物。既然动植物及人类由苔而生，那么动植物在时间上与人类之间又有什么关系呢？康有为认为，地球上先有动植物后有人类。康有为说："虫类为生物最始者，胡其愚与草木等。"② 又说："草木与人，相去不远，观其骨节可知。人与禽兽之相近，自不待言。"③ 在康有为看来，地球上先有虫类及草木，后有禽兽及人类。因为草木的骨节与人类相近，禽兽也与人类相近。这样的话，康有为的进化次第即可概括为：湿→苔→虫与草木→禽兽及人类。

康有为这样的推测，还体现在其对地质层的分析当中。在康有为看来，地质共分八层，每一万年生一层。依次为：蚧→苔→草木→炭石→兽→鸟→泥石→人类。如果仅以动植物及人类论之，则生成次序依次为：蚧→苔→草木→兽→鸟→人类。康有为所讲的"蚧"即海生动物的初始形态。康有为说："海之所生，蚧为最先。"④ 又说："生物始于苔，动物始于介类，珊瑚即小虫。"⑤ 显然，康有为关于地质学及动植物的进化的认识涉及了生物进化论的知识，结合康有为曾经向其学生推荐过《地学浅释》一书的事实，说明康有为对这部西方地质学著作是熟悉的，对地质学知识以及生物进化论也是有所了解的。

3. 康有为对物理学知识的了解

康有为在其著述中，多次谈及西方物理学，说明其对西方物理学知识有一定的了解。如康有为说："康熙间，意大利奈瑞创重学。"⑥

---

① 康有为：《万木草堂口说》，《康有为全集》第二集，姜义华、张荣华编校，中国人民大学出版社2007年版，第140页。
② 康有为：《万木草堂口说》，《康有为全集》第二集，姜义华、张荣华编校，中国人民大学出版社2007年版，第137页。
③ 康有为：《万木草堂口说》，《康有为全集》第二集，姜义华、张荣华编校，中国人民大学出版社2007年版，第137页。
④ 康有为：《日本书目志》，《康有为全集》第二集，姜义华、张荣华编校，中国人民大学出版社2007年版，第140页。
⑤ 康有为：《日本书目志》，《康有为全集》第二集，姜义华、张荣华编校，中国人民大学出版社2007年版，第137页。
⑥ 康有为：《万木草堂口说》，《康有为全集》第二集，姜义华、张荣华编校，中国人民大学出版社2007年版，第137页。

这是康有为在万木草堂讲学期间曾经提及的，由其学生张伯桢作记录。重学，即今天所讲的力学。由于这句话是其学生在课上所做的笔记，不可能将康有为对重学的每一句话都详细记录。但是，依常理而论，康有为对重学一定有所阐述。这说明，康有为对西方物理学的力学知识还是有所了解的。在张伯桢的笔记中，康有为说：

新学既新，物理益辟，数十年前渐知电气干湿之力，乃配阴阳，电灯、电车、传声、传信，其用日大，电乃始萌芽哉。①

这段材料涉及了物理、电及其用途等相关物理学概念，说明康有为对物理学中的电学知识也是有一定了解的。

4. 康有为对化学知识的了解

在《日本书目志中》，康有为说：

凡百学皆由化学也；凡百器用制作之精，皆由化学为之也。化学能析之，能合之，能离之，能乱之，以一物为数物，以数物为一切，错综参合，代化工矣。②

从这段材料可以看出，康有为对于化学试验、化合物的分离、分子化合等相关化学知识是有所了解的。

5. 康有为对数学知识的了解

在《南海师承记中》，其弟子张柏桢专辟一节，记录康有为对学生传授的数学知识。康有为说：

西人之数有点而后有三角，有三角而后有开方，由开方而后有割圆剖圆，由割圆剖圆而后有椭圆，由椭圆而有曲线，由曲线

---

① 康有为：《笔记》，《康有为全集》第二集，姜义华、张荣华编校，中国人民大学出版社2007年版，第201页。

② 康有为：《日本书目志》，《康有为全集》第三集，姜义华、张荣华编校，中国人民大学出版社2007年版，第283页。

而有棽线，由棽线而有抛墨线，由抛墨线而有罗线，此数之深者。然总以方圆尽天下之数也。今日隔山打炮之法，即用抛墨线测方，从测圆起，全从壶度起。现考得一百五十兆点星，皆显微镜所见得者。制器全用三角法，由三角而开方，由开方而割圆，分为八线后，即有椭圆学。算学最要开方，开方最易而实难。一之有阴阳，即数之有乘除也；由乘除遂有通分、差分，补乘除所不及也。故数学止于通分、差分，乘者以一而长，除者从一而消，通分、差分以补乘除之缺。①

从这段材料中可以看出，康有为对西方数学中的许多概念，诸如曲线、椭圆、三角函数、乘方、开方、通分等还是相当了解的。

对于西方几何学，康有为也是较为熟悉的。康有为说：

西人几何数起于三角，三角起于点，三角以下可推至于无穷矣。故以角尽天下之形，物生而有象，象而有学，学而有数，数学不外方员。近西人几何数即勾股，《周髀》所制之算经也。有点线面体之形学，皆并入数学中。《几何原本》一书，欧猎理得所著，近周灵王时人，与《周稗》同时。两书相较，几何过于勾股远矣。②

这里涉及了几何学的点、三角形以及《几何原本》，并指出西方几何学远胜于勾股之说，说明康有为对西方几何学也是有所了解的。

6. 康有为对医学知识的了解

在《日本书目志》中，康有为说：

泰西自康熙时日耳曼人哈芬创人体皆血脉皆血管，专主治

---

① 康有为：《南海师承记》，《康有为全集》第三集，姜义华、张荣华编校，中国人民大学出版社2007年版，第227页。
② 康有为：《南海师承记》，《康有为全集》第三集，姜义华、张荣华编校，中国人民大学出版社2007年版，第227页。

血,乃尽变泰西四千年医学之旧。近显微镜既精,乃知微丝血管,又知人与微生物战法……若产婆学,尤关生理之本,泰西皆有学人专门考求。①

从这段材料中可以看出,康有为对于人体之血管、显微镜、微生物以及小儿出生等相关医学知识是有所了解的。

第二节 康有为的维新儒学思想

一 康有为维新变法的基本主张

作为维新变法的领军人物,康有为在戊戌维新时期提出了诸多变法主张,这些主张有政治领域的,有文化领域的,也有经济领域的。这些主张构成了康有为维新儒学的重要组成部分,也成就了康有为的维新派领袖地位。

1. 政治层面的主张

康有为多次强调,国家贫弱的根本原因在于上下不通情。早在1988年的《上清帝第一书》中,康有为就强调,洋务运动虽然作了很多改革,但收效甚微,根本原因就在于不通下情。因此,康有为主张增设"训议之官",向皇上汇报下情。康有为所讲的"训议之官",主要职责是向皇帝上书言事,让皇帝知道民间的实情。在后来的上书、奏折中,康有为多次强调通情的重要性。

在康有为看来,晚清中国之种种弊端,皆因上下不通情所致。一个省内仅有总督、巡抚这样的官员才可以上奏章,而这些人又由于种种原因不敢尽言,这就使皇帝的信息极为闭塞。于是,康有为提出设"议郎",允许其直接上书皇帝。"议郎"有三个特征:一是由民间选举产生;二是可以议事;三是可以上达天听。上述所引之材料还出现

---

① 康有为:《日本书目志》,《康有为全集》第二集,姜义华、张荣华编校,中国人民大学出版社2007年版,第278页。

在了康有为的《上清帝第三书》中,这更加说明了康有为对上下不通情之重视。

在《上清帝第四书》中,康有为依然强调,中国的积弊在于上下不通情,即皇帝不了解百姓之所需,百姓也无渠道上达天听。为了广开言路以通下情,康有为提出了五项主张:一是"下诏求言";二是"开门集议";三是"辟馆顾问";四是"设报达聪";五是"开府辟士"。所谓"下诏求言",即允许天下之人上书言事。康有为建议在午门设置"上书处",由御史轮流值班,收天下人所递奏折。所谓"开门集议",即开会集体讨论,所有政事,三分之二通过则立即执行。按照康有为的设想,上至中央,下至省、府、州、县,均开设这样的会议。所谓"辟馆顾问",即在皇帝身边设一个顾问团队,随时为皇帝提供所需信息。所谓"设报达聪",即各省、府、州、县、乡、镇广开报馆,其报纸上呈并发各衙门备览,外国的报纸也可以选其有用者译出上呈。所谓"开府辟士",设置选拔人才的机构。康有为建议"开幕府",以选拔有用之才。康有为的这几项主张,与前面的"设议郎"在功能上是一致的,都是为了上下通情。

在《上清帝第五书》中,康有为再次强调了这个观点。康有为指出,一个国家能够与皇帝接触的不过百人而已,其余官员乃至四万万人民,皆无法上达天听,虽有如无。而在这为数不多的百余人中,思想保守、观念落后,再加上功名加身、裹足不前,很难有所作为。总之,在康有为的思想架构中,上下不通情是国家贫弱的根本原因,其提出的变法主张也是针对这个问题而展开的。

为了实现上下通情的目的,康有为提出了诸多主张,包括于《上清帝第一书》中所提出的增设"训仪之官",于《上清帝第二书》《上清帝第三书》中所提出的设"议郎"之职,以及《上清帝第四书》所提及的广开言路的五项主张等。然而,就针对上下不通情这个问题而言,康有为提出的最有影响的主张即立宪法、开国会、设制度局。

在《上清帝第四书》中康有为指出,西方国家之所以富强有两点原因:一是"励智学";二是"设议院"。所谓"励智学",指鼓励新的发明、发现，包括人文领域的，也包括自然科学领域的。康有为认为，这样的鼓励有利于新发明、新发现的产生，如哥伦布发现美洲、哥白尼发现地球绕日以及其他科学家发明电线、铁路等，皆与"励智学"有关。康有为认为，西方国家的议院有如下几个好处：一是所有的议员均来自四面八方，可以上下通情；二是所有的政策均是众人商议的结果，所以无法徇私舞弊；三是所有的政策均要公之于众，所以无法中饱私囊。

在《请定立宪开国会折》①这个奏折中，康有为提出两项具体的主张：一是立宪法；二是开国会。康有为说：

> 臣窃闻东西各国之强，皆以立宪法、开国会之故。国会者，君与国民共议一国之政法也。盖自三权鼎立之说出，以国会立法，以法官司法，以政府行政，而人主总之，立定宪法，同受治焉。②

康有为认为，西方国家之所以富强，就在于其立宪法、开国会。国会是君主与国民共同商议国家大事的机构，是行使立法权的机构。由国会立宪法，由法官执行之宪法，由政府行政，这是西方各国政体的基本特征。由于西方国家皆立宪法、开国会，所以国家是君主与全体人民的国家。而晚清统治之下的中国是专制政体，国家由君主和大臣掌控，所以国家是少数人的国家。因此，西方国家强而中国弱，这是康有为当时的看法。基于这样的认识，康有为主张在中国立宪法、开国会，模仿西方的三权分立。康有为认为，西方国家的富强不在于其军队强大、装备精良，而在于其君民上下能够一心。所以，西方国

---

① 此折虽然是康有为代内阁学士阔普通武作，但其内容康有为是完全赞成的。这不仅体现在康有为代其作奏折这件事情本身，更体现在康有为所上之《请君民合治满汉不分折》的开篇所言中。(参见康有为《请君民合治满汉不分折》，《康有为全集》第四集，姜义华、张荣华编校，中国人民大学出版社2007年版，第425页。)

② 康有为：《请定立宪开国会折》，《康有为全集》第四集，姜义华、张荣华编校，中国人民大学出版社2007年版，第424页。

家领土虽小,可是其君臣人民上下一心。而中国虽然领土远大于西方各国,但是一个国家仅仅由皇帝和数量有限的大臣共同掌控,虽然人民有四万万人,但不得干政,君臣人民根本不一心。一旦西方强敌来犯,君臣几百人的中国怎么能敌过数千百万人一心的西方列强?

那么,西方国家是如何做到君民上下一心的呢?康有为说:

在康有为看来,西方国家之所以能够做到上下一心,就在于其能够立宪法、开国会。在《谢赏编书银两乞预定开国会期并先选才议政许民上言事折》中,康有为肯定了礼部侍郎阔普通武开国会的主张,强调欧洲、日本之强大就在于其能立宪法、开国会。因此,在这封奏折中,康有为劝光绪帝"定立宪为国体,预定国会之期,明诏布告天下"[①]。康有为进一步指出,宪法、国会条例繁杂,非一时能够达到,因此在未开国会之前,先采国会之意。

那么,具体如何采国会之意呢?康有为提出设制度局的主张。

在《上清帝第六书》中,康有为再次向光绪帝介绍了西方国家的三权分立制度。康有为认识到了西方政治制度中议政权、行政权、司法权三权分立的优势,认为晚清政府没有议政的机构。皇帝为元首,一切都听皇帝的。军机处虽然类似政府,但却没有议政之权,其他部寺、督抚等机构,也仅为行政之官,无议事之权。因此,康有为提出设制度局。从编制上说,制度局由总局和十二分局构成。总局设在皇帝身边,其职责是议定新政;十二分局的责任是推行新政。十二分局分别包括:法律局、度支局、学校局、农局、工局、商局、铁路局、邮政局、矿务局、陆军局、海军局。康有为的制度局,实质上是对三权分立的某种模仿。制度局总局类似于行使"议政权"的机构,十二分局类似于行使"行政权"和"司法权"的机构。

2. 文化层面的主张

康有为对晚清文化政策的批评包括两个方面:一是对孔子之学的轻视;二是科举考试的弊端。于是,康有为在文化层面的主张也包括

[①] 康有为:《谢赏编书银两乞预定开国会期并先选才议政许民上言事折》,《康有为全集》第四集,姜义华、张荣华编校,中国人民大学出版社2007年版,第389页。

两个方面：一是立孔教为国教；二是废科举兴学校。

康有为主张立孔教有多重原因：一是与西方教会势力相抗衡；二是正天下之人心。自利玛窦传教以来，西方教会的势力在中国一直在扩张。尽管康熙、乾隆年间曾经压制过西方教会的势力，但总体来说西方教会势力在中国一直呈扩张的态势。到晚清时期，西方教会在中国的势力已经非常强大，晚清政府对教会势力也有所忌惮。这主要体现在晚清发生的诸次教案中，如发生在同治初年镇江之教案，法国人直驶兵船开入长江；再如天津之教案，法国将领以兵相威胁，最后清政府都不得不做出让步。更有甚者，一些中国人入西方教会以求自保，这使西方教会势力成为一个大的问题。康有为认为，西方教会之所以有恃无恐，根本原因在于西方教会在西方国家有其组织，而且其头目（诸如总理、委员）又多为政府议员。而中国又没有相应的律法、相应的组织机构与其斡旋。晚清政府对外战争的几次失败，使晚清政府在签订和约之时不得已而与西方国家签订了保教的条款。这使一旦发生教案纠纷，中国处处被动。因此，康有为提出开教会、定教律的主张。开教会，则有一个固定的机构与西方的教会势力相抗衡，中国也可以派自己的教会人员到西方国家与其教皇"同立两教和约，同定两教法律"[1]。定教律，则发生纠纷时有律法依据，"若杀其教民，毁其礼拜堂，酌其轻重，或偿命偿款，皆有一定之法。彼若犯我教，刑律同之"[2]。在康有为看来，立孔教是最好的选择。

康有为指出，中国人不信孔子信鬼神，如张仙、财神、鲁班、魁星、龙王、牛王乃至石敢当之类等，信仰十分杂乱。康有为认为，神道设教本是圣人所允许的，但是如果没有原则地信仰鬼神，这于世道人心是没有好处的。因此，康有为上《请尊孔圣为国教立教部教会以

---

[1] 康有为：《请商定教案法律厘正科举文体听天下乡邑境设文庙谨写〈孔子改制考〉进呈御览以尊圣师而保大教折》，《康有为全集》第四集，姜义华、张荣华编校，中国人民大学出版社 2007 年版，第 93 页。

[2] 康有为：《请商定教案法律厘正科举文体听天下乡邑境设文庙谨写〈孔子改制考〉进呈御览以尊圣师而保大教折》，《康有为全集》第四集，姜义华、张荣华编校，中国人民大学出版社 2007 年版，第 93 页。

孔子纪年而废淫祀折》，建议立孔教为国教。在康有为看来，"今日非维持人心、激厉忠义，不能立国；而非尊崇孔子，无以维人心而厉忠义。"①

为了立孔教，康有为提出了多项主张，大致来说有三点：一是改天下淫祠为孔庙；二是以孔子纪年；三是废八股。

前文已述，康有为认为全国淫祠遍地，于民无益，于国为耻，因此康有为建议将其改为孔庙。康有为试图以孔子取代诸鬼神，以孔庙取代诸淫祠，以对孔子仁爱之道取代巫神之言。为了增加人们对孔教的信仰之心，康有为还主张以孔子纪年。在给光绪帝所上的奏折中，康有为说："抑臣更有请者，大地各国，皆以教主纪年。一以省人记忆之力，便于考据；一以起人信仰之心，易于尊行。"② 为了达到立孔教为国教的目的，康有为还提出废八股的主张。康有为认为，孔教自从朱子讲明义理、发明四书以来，本来是让天下人天天读诵之以发明大道。但是，现实中四书却是用来应付科举考试，用来写八股文，风气为之而变。读书人不去思考圣人之言，不去践行圣人之意，而是沉迷于破承、开讲、提对、中对、后对、结对等无聊的八股之法中。因此，康有为认为八股于国于教皆有害。他说："故国亡于无教，教亡于八股。故八股之文，实为亡国、亡教之大者也。"③

康有为认为，儒家经典本来是教人践行圣人之言，可是由于科举考试的存在，使儒家经典成为读书人应付考试的工具。这样不仅不利于发明圣人之道，也不利于孔教的建立。因此，康有为主张废除科举、兴学校。

康有为说：

---

① 康有为：《请商定教案法律厘正科举文体听天下乡邑境设文庙谨写〈孔子改制考〉进呈御览以尊圣师而保大教折》，《康有为全集》第四集，姜义华、张荣华编校，中国人民大学出版社2007年版，第94页。

② 康有为：《请尊孔圣为国教立教部教会以孔子纪年而废淫祀折》，《康有为全集》第四集，姜义华、张荣华编校，中国人民大学出版社2007年版，第98页。

③ 康有为：《请商定教案法律厘正科举文体听天下乡邑境设文庙谨写〈孔子改制考〉进呈御览以尊圣师而保大教折》，《康有为全集》第四集，姜义华、张荣华编校，中国人民大学出版社2007年版，第94页。

> 故令诸生荒弃群经，惟读四书；谢绝学问，惟事八股。于是二千年之文学，扫地无用，束阁不读矣……而竟有不道司马迁、范仲淹为何代人，汉祖、唐宗为何朝帝者！若问以亚非之舆地、欧美之政学，张口瞪目，不知何语矣。①

科举取士制度使读书人为了考取功名，将全部精力投入到四书、八股当中，以至于连司马迁、范仲淹、汉高祖、唐高宗都不知道，更不用说世界各国之形势了，这是康有为强烈反对的。楷法也是科举考试的重要考察对象之一，所谓"楷法"，即考察字体之美观。康有为认为，这样的考察没有什么实际的价值。

八股考试空疏无用，决定了八股考试浪费人才。康有为以童生为例作了一个估算，全国约有一千五百县，大县有童生数千人，小县有童生数百人，如果以每县七百人算，则全国有童生至少百万人。科举考试录取率大概百分之一，这百万人中只有一万人最终能考上，很多人从童年考到老年都未能考上。这些考不上的人大概考十年就放弃了，那么三十年大概只有三百万人考上。从童年至壮年，实为人生最有精力、最有才华之时光，而将时间用于这种考试之中，实为最大的浪费。在康有为看来，这三百万人没有从事科学、政学、艺学，而是将精力放在空疏无用的八股文之上，实为人才之浪费。

在《请变通科举改八股为策论折》② 中，康有为指出，西方国家的人民自幼学习数学、物理、化学等自然科学以及内政外交之学，而中国人却束缚于八股帖括之中。这样做的结果是读书人读了数十年之书，不知汉、唐为何代，不知郡、县为何名，更不用说万国之时务。尽管如此，读书人仍然沉溺其中而不愿意学习自然科学及政艺诸学，

---

① 康有为：《请废八股试帖楷法试士改用策论折》，《康有为全集》第四集，姜义华、张荣华编校，中国人民大学出版社 2007 年版，第 79 页。

② 此折虽为康有为代宋伯鲁而作，但完全能代表康有为的思想。据姜义华等人考证，此折乃梁启超按照康有为的意思所拟定，然后以宋伯鲁之名义上书。（康有为：《请变通科举改八股为策论折》，《康有为全集》第四集，姜义华、张荣华编校，中国人民大学出版社 2007 年版，第 81 页。）此外，康有为自己另撰《请废八股试帖楷法试士改用策论折》，与此折多有雷同之处，可见此折之内容乃康有为之意。

因为学习这些不能得到功名。

科举考试的弊端，在武科举中体现得更为明显。1898年6月，康有为上《请停弓刀石武试改设兵校折》，其中介绍了西方军队的状况并与中国的军队作了对比。康有为认为，西方国家的军队有诸多优势。首先，西方国家有兵校，士兵皆入兵校学习。兵校分科详细，有步兵、马兵、炮兵、工医、辎重等，士兵经过各种训练之后，作战能力大大增强。士兵入校后还会学习文学、兵法、算数、地图等，这使士兵的眼界大大开阔、素质大大提高。其次，西方国家的将帅也受过专业训练。西方国家的兵校从小学到大学再到专门的机构各有专门分类，将帅都受过大学教育。没有受过大学教育的，虽有才能也不能担任将领，这使其将帅熟悉各种作战之法，其指挥能力大大增强。最后，西方国家工艺先进，武器精良。因此，无论大国小国，皆有自己制造的枪炮，其士兵武器充足，这样就大大提高了其战斗力。

与西方国家的军队相比，中国军队劣势显而易见。首先，中国无兵校，士兵素质低下。康有为认为，中国举国没有兵校，士兵也不进行相关训练，又没有东西诸国可比而心存忧患。所以一旦战事起，各省驱逐乞丐应战。其次，武器装备落后。中国制造落后，不能自己制造武器，紧急之时则从外国购买，而所购买之武器又皆是西方国家所丢弃之装备，作战能力可想而知。最后，整个选拔军事人才的武科举不合时宜、完全无用。整个武科举选拔的是一些身体壮实、臂力过人的人，这些人无非掌握一些拉弓举刀抱石之技。在这样的制度之下，百数万的武举人敝其精力、破其身家，学到的无非是一些无用的技能，这样的技能根本无法应付西方军队的洋枪洋炮。

在康有为看来，不仅文科举空疏无用，武科举也不合时宜。这样的状况在闭关一统之世尚可以勉强应付，在列强环而伺之的情况下是无法立足的。因此，康有为认为当务之急是废科举、兴学校。

1898年7月，康有为上《请改直省书院为中学堂乡邑淫祠为小学堂令小民六岁皆入学折》，其中谈及了国家衰弱之原因。在其文中，康有为指出，西方各国遍地是小学、中学，学校数十万，学生数百万。举国上下，国民都能读书识字、懂算学、知历史、了解天文地理。中学以上的教育更为具体，包括天文、地理、化学、光学、重学、农学、工学、矿学等自然科学，还包括国际公法、国家法律等社会科学。因此，在西方各国，并非像中国一样只有读书人才掌握一定的知识，普通人包括幼童、妇女都掌握有一定的知识。而中国四万万人，却愚而不学，以至于处处被动受辱。

在康有为看来，中国处处被动的一个重要原因就在于学校不立、教育落后，因此康有为建议大兴学校。康有为对不立学校的批判还体现在其《进呈〈突厥削弱记〉序》一文中。在其文中，康有为向光绪帝介绍突厥帝国从辉煌逐渐走向衰落的过程及原因。康有为认为，虽然突厥衰落的原因是多方面的，但不立学校是一个很重要的原因。

基于这样的认识，康有为认为当前必须效法西方国家，大兴学校以育人才。在康有为的设想中，已经有了小学、中学、大学的雏形。康有为设想在乡设小学，在县设中学，省府量力而行，能设大学则设大学，在京师设立大学堂。这与今天的小学、中学、大学制度十分相似。前文已述，康有为对于传统科举制度下的八股、试帖、楷法等空疏无用之学深恶痛绝，主张学习西方有用之学。因此，康有为兴学校的主张除了其小学、中学、大学的设想之外，还包括对教学内容的设想。在康有为的设想中，学校的教学内容包括两个方面：一是传统国学；二是西方科学。

鉴于当时中国各省都有书院、各地都有淫祠的实际情况，康有为提出将其改为学校的主张。康有为提出，中国各省及府、州、县都有书院，少则一二所，多则十数所，民间也有各种书院、学塾等。可惜的是这些机构所学的要么是八股试帖科举之业，要么就是考据等空疏无用之学。因此，康有为主张将这些书院、学塾改为学校。康有为提出，将各府、州、县之义学、社学改为小学，将各府、州、县之书院改为中学，将省会之大书院改为大学。这些大学的生源需要从小学、中学不断地培养。除了各省书院、学塾之外，康有为还注意到了全国各地的淫祠。康有为提出，中国的民俗迷惑于鬼神，所以淫祠遍天下。这些淫祠对于世道人心没有正面作用，对于建立孔教也是大大的不利，不如将其改为学校。康有为设想，将各地之淫祠、庙宇改为学校,令孩子六岁入学,不入学则责其父母,并教以语言文字、图算器艺之学。如此,才能人人知学,学校遍地。此外,鉴于武科举落后无用的现状,康有为提出广设武备学校的主张。所谓武备学校,即今天所说的军事学校,培养军事人才。

3. 经济层面的主张

康有为的经济主张不同于康有为的经济思想,前者是其维新变法的主张,后者是其对经济规律的认识。大致来说,康有为在维新变法时期的经济主张包括以下三个方面:一是发展工业实业;二是完善金融体系;三是鼓励自由通商。

康有为认为,西方各国之所以富强,与其工业发达有着密不可分的关系。西方人于嘉庆十二年制造轮船,道光十二年即可驾船侵犯广州。西方人于道光二十五年发明铁路,俄国人于光绪二年即可修铁路于黑海并趁机占领多国领土六千多里。除此之外,其他工业诸如电线、显微镜、电灯、农业机械等,皆与其国计民生关系密切。因此,中国也应该大力劝工,发展工业实业。康有为这样的主张洋务派也提出过,不同的是康有为不仅要发展工业,还要学习工业背后的科学技术。

康有为认为,洋务派重臣曾国藩知道发展工业的重要性,因此大开机器局,各省也量力而行。然而,这些人只是一味地模仿,却没有思考其背后的技术,国家也未着力培养这方面的人才。按照康有为的设想,国家应该于各州县皆设"考工院",大量翻译外国制造类书籍。与此同时,国家还应该选一些懂算学的儿童入制造厂学习,时间久了则可以逐渐培养出这方面的人才。此外,国家还应该建立专利制度,鼓励工人自行发明创造。显然,康有为不仅鼓励发展工业,更鼓励学习其背后的科学技术。

矿业是重要的实业,开采矿产可以大大增加国家的经济实力,康有为对此有着深刻的认识。康有为认为,美国因开采金银矿而富甲四海,英国因开采煤矿铁矿而雄视五洲,西方国家皆因开矿而富有。中国矿产十分丰富却没有好好开采利用。例如,山西、贵州的煤、铁资源;云南的铜、锡资源;湖南、江西的铜、铁、铅、锡、煤资源;山东、湖北的铅以及四川的铜、铅、煤等资源。康有为在一一列举了上述资源之后指出,国家正急需银两,开采矿产是当务之急。开矿也是洋务派的一贯主张,康有为对此表示赞成,但康有为认为仅仅停留在开采的基础上是不够的。在谈及洋务派的开矿活动时,康有为说:

> 今云南已专设矿务大臣,热河、开平亦设官局,著成效。而未见大利者,皆由矿学之未开,采办之非人也。①

在康有为看来,洋务派虽然也重视开矿,但未见大利,根本原因在于不学矿学。因此,康有为主张向西方人学习采矿技术。康有为认为,在掌握了开采技术的条件下,大量采购开采设备,大规模地修筑铁路,便可大大地提高开采效率。中国之矿产资源富甲全球,只要合理开采矿产资源,国家富强指日可待。

发展工业实业,铁路系统是不可或缺的重要资源。铁路可以运兵、运械、赈灾、漕运、运货等,发生战争时可以迅速补充士兵、枪械,发生灾荒时可以迅速运送所需物资,和平时期可以解决漕运困难,帮助商人运货等。晚清时期的中国,修铁路迫在眉睫。当然,洋务派也认识到了这一点,也在中国修筑了铁路。康有为在评价洋务派时说:

> 夫铁路之利,天下皆知。山海关外,久已兴筑,今方运兵,其效已见,所未推行直省者,以费巨难筹耳。②

在康有为看来,山海关外的铁路于运兵方面已见成效,但关内各省尚没有修筑铁路。关内各省修筑铁路,关键是经费难筹。康有为主张通过卖车票的方式从民间集资修铁路,铁路筑成之后,一方面可以供政府运兵、运械、救灾等急用,另一方面也可以用作民用。这样的

---

① 康有为:《上清帝第二书》,《康有为全集》第二集,姜义华、张荣华编校,中国人民大学出版社 2007 年版,第 38 页。
② 康有为:《上清帝第二书》,《康有为全集》第二集,姜义华、张荣华编校,中国人民大学出版社 2007 年版,第 38 页。

话,即可避免将铁路权流入西方列强手中。这也是康有为对洋务派的一种间接批评。

对于完善金融体系,康有为提出两项主张:一是铸银;二是印钞。所谓铸银,即自铸银币。所谓印钞,即发行纸币。

晚清时期中国市场上流通的银质货币大概分为两类:一是外国洋银;二是中国之元宝及银锭。就外国洋银而言,其成色较差,其中大量夹铅,可是一旦进入中国市场,却会在"劣币驱逐良币"的市场规律之下,大量地换走中国的足银,这使中国的银两仅仅因为货币的原因就大量外流。此外,洋银流入中国市场,其币面上大多印有耶稣年号而非中国之皇帝年号,这对于人心稳定是相当不利的。就中国之元宝及银锭而言,与西方之银币相比也存在诸多弊端。第一,元宝及银锭形体太大,不便携带;第二,元宝及银锭分量不统一,轻重难定;第三,元宝及银锭切割时亏耗也多。基于这样的认识,康有为提出"我宜自铸银钱,以收利权"①的主张。在公车上书文本以及后来的《上清帝第三书》中,康有为向光绪帝建议:第一,令户部预筹巨款,并令各省皆设铸银局,其成色、样式、年号皆统一于广东所铸银钱且不必足银,九成即可;第二,令督府负责监督铸银局所铸银钱之质量,按时抽检并送户部进行化学核验,以确保货币质量;第三,矿业兴盛之后再铸金质货币,并禁止外国货币在中国流通。如此,则一方面有效阻止外国货币暗地里换走我国足银,另一方面也能有效地建立中国的金融体系。

与金属货币相比,纸币有着诸多优势。比如,制造成本低、携带方便、币值灵活等。晚清时期的中国,市场上流通的货币还主要是金属货币,这给中国市场带来了诸多不便。康有为意识到了这一点,所以在公车上书及后来的《上清帝第三书》中,都提及了此事。康有为向光绪帝提出了以下几条建议:第一,全国上下的银号钱庄都将现银交与户部及各省藩库,户部将其精工制作的纸币交与银号。其纸币可

---

① 康有为:《上清帝第二书》,《康有为全集》第二集,姜义华、张荣华编校,中国人民大学出版社 2007 年版,第 38—39 页。

以供赋税禄饷之用，完全可以在流通中代替金属货币。此外，在银号与户部的交换过程中，户部除了支付与所存现银同等数额的纸币之外，再额外支付银号其所存现银数目的一半给银号，以作为鼓励；第二，户部对各大银号给予支持，正常运转时可以给其提供融资，亏本时代其偿付，以便纸币在市场上流通；第三，各大银号可以在户部的支持之下行现代银行之职能。如国家修铁路时可以代筹经费，紧急赈灾时可以提供钱款，还可以寄存公款等。康有为印钞的主张，可以统一全国之货币，也可以借此建立全国银行系统，还可以取代金属货币在市场上流通，这在今天看起来也是很有见地的。只是当时晚清政府摇摇欲坠，其在百姓心中的公信力大打折扣，有没有人愿意拿着真金白银去换取其纸币是一个问题。

一个良好的金融系统，信息传递不可或缺。在公车上书文本以及后来的《上清帝第三书》中，康有为提出富国六法，分别是钞法、铸银、邮政、铁路、机器轮舟、开矿。康有为提出的铁路、机器轮舟、开矿的主张其实就是其发展工业实业的设想，而其提出的钞法、铸银、邮政的主张实质上是想建立一个良好的金融系统。康有为提出，中国的公文有专门的驿站机构，但这样的机构有两个弊端：一是耗费巨大、效率低下；二是只递官文、不递私书。康有为以英国邮政局为例，英国之邮政局官私文书皆寄送，每年可收入"一千六百余万"。中国人口四万万有余，如果也设邮政局，既递官文也递私书，也可以收入"千余万"。康有为认为，邮政局的设置不仅可以增加收入，更为重要的是，邮政局"消息易通，见闻易广"。① 事实上，康有为对邮政局的设想，实是金融系统建立的一个重要支柱，是康有为早期金融系统设想的重要因素之一。②

中国自古以农立国，农业在中国人的思想中一直占有重要地位。

---

① 康有为：《上清帝第二书》，《康有为全集》第二集，姜义华、张荣华编校，中国人民大学出版社2007年版，第39页。
② 戊戌政变之后，康有为在金融领域还做过诸多思考，如成书于1912年的《理财救国论》，其中谈及了银行的设置，与前期相比就更为深刻了。鉴于本书的研究目标及思路，本书仅探讨康有为在戊戌变法之前的经济主张。

西方列强入侵之后,这种观念受到了质疑,商业越来越受到重视,这在康有为的思想中有着明显的体现。康有为说:

且夫古者之灭国以兵,人皆知之;今之灭国以商,人皆忽之。以兵灭人,国亡而民犹存;以商贾灭人,民亡而国随之。中国之受毙,盖在此也。①

康有为意识到了晚清统治下的中国在对外贸易过程中的被动局面。首先,包括鸦片在内的外国商品大量倾销到中国市场。康有为指出,仅外国的鸦片一年就耗中国三千三百万,洋纱、洋布每年耗中国五千三百万,其他生活用品诸如洋绸、洋缎、洋呢、纽扣、咖啡、纸卷烟、鼻烟、洋酒、火腿、钟表、寒暑针、风雨针、电气灯等日用品每年消耗中国数以万万计。其次,中国商品无论在质量上还是在数量上,与外国商品相比都不占优势,这使中国在对外贸易中存在严重的贸易逆差。康有为指出,中国商品诸如丝和茶叶,根本无法与鸦片相抗。至于羊皮、大黄、药料、绸缎、瓷器等生活用品每年销量不到三千万,贸易赤字十分严重。最后,不合理的对外贸易政策也使中国的商人腹背受敌。康有为指出,中国商品在国内要大量交税,出口还要交关税。这使中国商品的竞争力再次大打折扣,根本无法与外国商品相抗衡。

基于上述问题,康有为提出各省应该设立商学、商会、比较厂以振兴中国的商业。商学,即商务条例。晚清时期的中国,国门乍开,中国商人大多不懂已经形成的国际贸易惯例、条例,这使中国商人在对外贸易的过程中处处被动。康有为强调立商学,就是想让中国商人了解世界贸易的条例、惯例。康有为说:

商学者何?地球各国贸易条理繁多,商人愚陋,不能周识,

---

① 康有为:《上清帝第二书》,《康有为全集》第二集,姜义华、张荣华编校,中国人民大学出版社 2007 年版,第 40 页。

宜译外国商学之书，选人学习，遍教直省，知识乃开，然后可收外国之利。①

商会，即由商人群体形成的组织。在康有为的设想中，这样的组织有两大好处：一是集众人之智力；二是集众人之财力。如果这样的组织有国家的扶持，还可以走向世界市场。康有为以澳门、南洋、印度为例，认为葡萄牙收澳门、荷兰收南洋、英国收印度，就是商会与国家共同合力的结果。

比较厂，即比较货物孰优孰劣的机构。在康有为看来，西方各国所举行的各种贸易展览，并非消遣娱乐，而是为了使参会之商人能够"广见闻、发心思、辨良楛"。这些商品经过比较之后，则优劣立见，于是其商品在比较中不断改进。西方商品之所以能够流行于中国市场，就在于其有这种机制。因此，康有为主张在中国也设立比较厂，以增加中国商品在国际市场上的竞争力。康有为对比较厂之作用充满信心，认为中国只要设比较厂，其商品就可以增加竞争力。康有为所说的比较厂，其目的就是要货比三家，通过这样的比较来迫使厂家提高自己产品的质量。

二 康有为维新变法的理论依据

作为维新变法的领袖，康有为不仅提出了变法的具体主张，也为其变法提出了理论依据，即以三世进化说为核心的今文经学。哲学史上任何一种学术形态，总是依托于问题而展开的。就康有为的今文经学而言，大致包括以下三个问题：一是经典真伪问题；二是孔子地位问题；三是三世进化问题。

1. 经典真伪问题

经典真伪问题是今文派和古文派争论的一个重要问题，今文派坚持今文经本的可靠性，对于古文经的来源表示怀疑，古文派坚持古文经才是可靠的，对于今文经的完备性表示怀疑。

---

① 康有为：《上清帝第二书》，《康有为全集》第二集，姜义华、张荣华编校，中国人民大学出版社2007年版，第40页。

康有为认为，秦始皇虽有焚书之令，但焚书并未焚尽。在康有为看来，秦始皇焚书意在愚民而非自愚，因此其所烧掉的只是民间之书。至于官方秘府藏书并未烧毁。康有为进一步指出，秦始皇虽然下令焚书，但博士之职位不焚。《诗》《书》等儒家经典是博士的专职，如果这些书都被烧毁了，博士还如何授业。康有为举例说，秦博士叔孙通有儒生弟子一百多人，如果这些书全部烧了，那么这些儒生弟子学习什么。对于坑儒之说，康有为也提出了自己的质疑，认为坑儒也并未坑尽。

在康有为看来，秦始皇虽有坑儒之举，但儒生并未坑尽。除伏生、叔孙通之外，还有随叔孙通学习的儒生三十余人，这些人皆熟悉六经，且到了汉代依然在世。因此，坑儒之举并未彻底灭绝儒家经典。

这意味着，今文派所依据的经典并非像古文派声称的那样残缺不可靠，而是有其可靠的来源。

在康有为看来，今文派所依据的经本依旧是先秦时的经本，六经并未残缺。所谓的秦始皇焚尽六经，不过是刘歆为了伪造经书而说的谎言。按照康有为的意思，六经都是孔子所作，包括《诗》三百零五篇，《书》二十八篇，《礼》十六篇，《易》上、下两篇，乐只是声音并无文辞，因此没有经本。这些经典，由于秦时官方所立博士及其弟子的存在，至汉时皆完好无缺。

既然六经并未在秦火中亡缺，那么所谓的古文经本又是从何而来呢？康有为认为，所谓的古文经都是刘歆伪造的。在今、古文之争中，古文派坚持古文经出自河间献王家、鲁共王家以及伏生家，康有为对此一一做出反驳。

康有为认为，古文派声称古文经皆出自河间献王、鲁共王家藏书。如果河间献王、鲁共王有搜求遗经之功劳，那么司马迁为什么不说呢？而且，司马迁熟悉《左氏》，并非未见到所谓的古文经。这说明，当时并没有所谓的古文经。关于伏生藏书一说，古文派认为秦时焚书，伏生在其家的墙壁内藏有《古文尚书》。汉代之后，伏生将其取出，丢失数十篇，仅存二十九篇。康有为认为，此说不可信。

在康有为看来，伏生本为秦时官方所立博士，秦虽焚书但不焚博士之书，伏生无须冒险藏书。而且，《尚书》本来就只有二十八篇，所谓"二十九篇"乃后人篡改《史记》之文而已。基于这样的怀疑，康有为指出古文经是刘歆伪造的。

2. 孔子地位问题

今文派和古文派争论的另一个重要问题，即孔子的地位问题。大致来说，今文派会尽可能地抬高孔子的地位甚至神化孔子，而古文派则以孔子为先师而非圣王，六经也非孔子所作。康有为继承了今文派尊孔子的传统，指出孔子的使命在于改制立法且六经皆为孔子所作。

康有为认为上古时期人类崇尚丛林法则，人与人之间争斗惨烈。上天怜悯人间疾苦，于是降生孔子。从战国至东汉八百年间，天下皆尊孔子，以其为"神明圣王""制法王"。然而刘歆作《左传》攻击《公羊》，用周公来取代孔子，致使孔子的地位大大下降。于是，孔子成为一个博学的先师，而非圣王。康有为认为，这种地位的变化是不符合事实的。康有为通过遍考秦汉典籍，赋予了孔子诸多尊称，如制法之王、新王、素王、文王、圣王、先王、后王、王者等。

关于孔子为制法之王，康有为引用了《春秋纬演孔图》中的几句话："丘为制法之王，黑绿不代苍黄"；"圣人不空生，必有所制以显天心。丘为木铎，制天下法"。康有为对这两句话作了这样的评论："孔子为制法之王，所谓素王也。《论语》曰：'天生德于予，天之未丧斯文也，匡人其如予何？'所谓不空生，必有所制也。"[①] 康有为肯定了《春秋纬演孔图》的说法并作了相关的解释。在康有为看来，所谓制法之法即素王。所谓"圣人不空生"，即孔子是带着改制的使命来到这个世界的。在康有为看来，孔子所说的"天生德于予，天之未丧斯文也，匡人其如予何？"意味着孔子必然带着某种使命来到这个世界，这种使命就是改制。

所谓新王，是区别于周王而言的，即继周之新王。康有为称孔子

---

① 康有为：《孔子改制考》，《康有为全集》第三集，姜义华、张荣华编校，中国人民大学出版社2007年版，第102页。

为新王，其意在于孔子改周制。康有为说："董生更以孔子作新王，变周制，以殷、周为王者之后。大言炎炎，直著宗旨。孔门微言口说，于是大著。孔子为改制教主，赖董生大明。"① 在这里，康有为肯定了董仲舒的说法，即孔子为新王，其使命是改制，这是孔门口口相传的微言大义。

关于孔子为素王，康有为考证了《汉书·董仲舒传》《六艺论》《春秋纬元命苞》《古微书论语纬》《中论·贵验》《风俗通·穷通》等相关文献，其中皆有称孔子为素王的说法。康有为认为，称孔子为素王不仅仅是公羊家的说法，而且包括子夏等孔门弟子以及齐、鲁《论语》之说。后人之所以不称孔子为素王，"但古文家乃铲去之，宋儒误拾其绪耳"②。关于孔子为文王，康有为声称这是孔子自任。《论语·子罕》有"文王既没，文不在兹乎？"之说，康有为认为这是孔子自任文王。康有为说：

> 《论语》：文王既没，文不在兹？孔子已自任之……人只知孔子为素王，不知孔子为文王也。或文或质，孔子兼之。王者，天下归往之谓，圣人天下所归往，非王而何？犹佛称为法王云尔。③

关于孔子为圣王，康有为引《孟子》《荀子》的材料佐证之。《孟子·滕文》言："孔子惧，作《春秋》。《春秋》，天子之事也。是故孔子曰：知我者，其唯春秋乎！罪我者，其唯春秋乎！圣王不作，诸侯放恣，处士横议，杨朱、墨翟之言盈天下。"康有为认为，这里所说的"圣王"即指孔子。《荀子·正名》言："今圣王没，名守慢，奇辞起，名实乱，是非之形不明，则虽守法之吏，诵数之儒，亦皆乱

---

① 康有为：《孔子改制考》，《康有为全集》第三集，姜义华、张荣华编校，中国人民大学出版社2007年版，第103页。
② 康有为：《孔子改制考》，《康有为全集》第三集，姜义华、张荣华编校，中国人民大学出版社2007年版，第104页。
③ 康有为：《孔子改制考》，《康有为全集》第三集，姜义华、张荣华编校，中国人民大学出版社2007年版，第105页。

也。"在康有为看来，孔子为了改制提出正名，而公孙龙以坚白之说乱之，荀子对之进行批判。因此，这里讲的"圣王"也是指孔子。

关于孔子为先王，康有为引《孟子》《荀子》之说佐证之。《孟子·公孙丑上》言："先王有不忍人之心，斯有不忍人之政矣。"（《孟子·公孙丑上》）康有为认为，孟子所说的仁政与公羊家所说的仁政相合，皆是孔子的仁政。因此，孟子所说的先王就是孔子。《荀子·礼论》言："故先王圣人安为之立中制节，一使足以成文理则舍之矣……故三年之丧，人道之至文者也。夫是之谓至隆，是百王之所同，古今之所一也。"（《荀子·礼论》）康有为认为，三年之丧为孔子所制，所以此处的先王指的就是孔子。

关于孔子为后王，康有为也引《荀子》的材料佐证之。《荀子·正名》言："后王之成名：刑名从商，爵名从周，文名从礼。散名之加于万物者，则从诸夏之成俗曲期。"（《荀子·正名》）康有为认为，这里所说的后王，既非周王也非秦帝，只能是孔子。

关于孔子为王者，康有为引《公羊传》的说法佐证之。《公羊传》有："夫王者始受命，改制，布政，施教于天下，自公侯至于庶人，自山川至于草木、昆虫，莫不一一系于正月，故云正教之始。"（《公羊》隐元年注）康有为认为，公羊家口口相传《春秋》之大义，他们称孔子为王者，以改制为使命，这是没有问题的。

康有为遍考秦汉典籍，在赋予了孔子诸多尊称之后指出孔子最大的贡献在于改制立法。

在康有为看来，作为大地教主的孔子，其使命就在于改制立法。具体而言，包括儒服、丧葬之制、亲迎之制、井田之制、学校之制、选举之制等制度，皆为孔子所创。康有为进一步指出，孔子改制是通过作六经来完成的，六经皆是孔子所作。古文派有一种观点，认为孔子述而不作，只是增删六经而并非六经的作者。对于这一点，康有为提出了自己的反驳。

在康有为看来，汉代以来皆以孔子为先圣，唐贞观以来才以周公为先圣而称孔子为先师，这都是刘歆伪造古文经的结果。汉代以前都以孔子为改制之教主，都尊孔子为神明圣王。因此，六经皆孔子所作，其目的就是为了改制。

3. 三世进化问题

三世说是儒家公羊学派基于《春秋》而提出的关于历史进化的理论，最早由董仲舒阐发而成。康有为认为，三世进化乃《春秋》第一大义。在康有为看来，孔子托《春秋》以明其微言大义，这种微言大义的核心就是三世进化。三世包括据乱世、升平世、太平世。据乱世即原公羊家所说的传闻世，文教落后；升平世即原公羊家所说的所闻世，文教渐明，又称小康世；太平世即原公羊家所说的所见世，文教全备，又称大同世。这样，康有为的三世进化说就在据乱世、升平世、太平世这样的理论框架下形成。康有为三世说的内容取决于其对每一世的具体规定。

关于据乱世，康有为将其比附为君主制。在"庄公"二十三年"夏，公如齐观社"条目下，康有为谈到了据乱世与升平世的区别，指出据乱世乃"君主专制"，升平世乃"君民同治"，中国与欧洲政治之异正是据乱世与升平世的区别。

按照康有为的设想，据乱世以君统治民，君和民之间有尊卑之分，升平世则人人有资格在郊外祭奠天地和祖宗而不仅仅是天子，太平世则彻底没有了尊卑之分，人人独立自主。显然，从据乱世到升平世再到太平世，康有为将其设想为从君主制到立宪制再到民主制。

康有为重新规定了三世的内涵，并肯定了三世进化的必然性。在"桓公"五年"王使大夫□来聘"条目下，康有为说：

> 乱世，讥大夫之世；升平世，但存天子，为刺诸侯之世；太平世，只行共和，为贬天子之世。进化有次第，此先讥大夫以著意。①

康有为说"进化有次第"，实则肯定了从乱世到升平世再到太平

---

① 康有为：《春秋笔削大义微言考》，《康有为全集》第六集，姜义华、张荣华编校，中国人民大学出版社2007年版，第39页。

世的必然性。在"庄公"二十三年"楚子使其大夫来聘"条目下，康有为说：

> 孔子设三世之义，太平则远所大小若一，由据乱至升平，夷狄皆当进之，故称人……此皆进化自然之理势也。①

在这里，康有为将从据乱世到升平世再到太平世的进化称为"自然之理势"，可见其对进化必然性的肯定。在"哀公"十四年"十有四年春，有麟来，获之"条目下，康有为说：

> 孔子有此文明正道，托之鲁《春秋》隐元年至哀十四年史文之中，各寓其义，分张为据乱世、升平世、太平世。于是人事浃，王道备。其有同在一时而治化迥异者，如今美国之自由，当进以太平；欧洲之政治，当进以升平；非洲之野蛮，当进以据乱……虽法制不同，要于进化而已。②

在这里，康有为认为孔子托其微言大义于《春秋》之中，其微言大义即从据乱世到升平世再到太平世的进化，美国终究会进化到太平世，欧洲要先进化到升平世，非洲要进化到据乱世，虽然他们的法制各不相同，但进化是必然的。

综上所述，康有为肯定了今文经本的可靠性，肯定了孔子的圣王地位，然后以孔子的权威说出三世进化的必然性，这相当于说从君主制到立宪制有着某种历史必然性。因为，肯定了今文经本的出处，那就相当于说只有今文经本才是可靠的；肯定了孔子的圣王地位，则可以借孔子之口说出其改制的主张，为其改制主张找到一个权威；重新规定三世的具体内涵，则彻底说出了君主立宪的历史必然性。晚清时

---

① 康有为：《春秋笔削大义微言考》，《康有为全集》第六集，姜义华、张荣华编校，中国人民大学出版社2007年版，第82页。

② 康有为：《春秋笔削大义微言考》，《康有为全集》第六集，姜义华、张荣华编校，中国人民大学出版社2007年版，第310页。

期的政治体制是一个君主专制的体制,康有为试图通过一系列的维新变法主张将其改为君民共主的立宪制,其所提出的三世进化说及其所改造的今文经学,正是为其维新变法提供理论依据的。

第三节 西方科学对康有为维新儒学的影响

一 西方科学对康有为变法主张的影响

作为维新派的领军人物,康有为提出了诸多变法主张,包括政治层面的、经济层面的、文化层面的,而这些变法主张的提出均与西方科学有着密不可分的关系。

1. 西方科学与康有为的政治主张

自然科学的落后,使康有为意识到变法势在必行。

早在1888年的《上清帝第一书》①中,康有为就表达了自己对时局的强烈担忧。他说:"窃维国事蹙迫,在危急存亡之间,未有若今日之可忧也。"②康有为认为,国患自古有之,传统的国患包括两个方面:一是权臣专权;二是强藩闹事。但晚清之国患不在于此,既无权臣专权,也无强藩发难。在康有为看来,晚清最大的国患在于"四邻皆强敌"③。

康有为可谓是一语道出了晚清中国之困境,"四邻皆强敌"且"合而伺我"。那么,强邻之强体现在什么地方呢?康有为认为,"智学之兴,器艺之奇"是强邻强大的重要原因之一。事实上,康有为所说的"智学""器艺"指的就是西方科学,在其看来西方科学的先进是西方国家强大的重要原因之一,也是中国处处被动落后的根本原

---

① 虽然《上清帝第一书》最终未能上达天听,但是就文本内容而言,它体现了康有为早期的维新变法主张。因为,本书将其作为重要的参考文献。

② 康有为:《上清帝第一书》,《康有为全集》第一集,姜义华、张荣华编校,中国人民大学出版社2007年版,第180页。

③ 康有为:《上清帝第一书》,《康有为全集》第一集,姜义华、张荣华编校,中国人民大学出版社2007年版,第181页。

因。康有为一一举例，日本国虽小，但自从明治维新之后，日本人积极引进西方科学，使国力渐增；俄国自彼得大帝游历欧洲，大力引进西方科学之后，国力也大增；英国凭借其自然科学的优势占领了缅甸；法国凭借其自然科学的优势占领了越南。种种事实皆表明，西方国家的强大与自然科学的先进有着密不可分的关系。在强调了强敌伺我之患后，康有为也指出了内忧。这种内忧的一个重要表现就是军事力量的薄弱。康有为以德法战争为例，某月十三日两国失和，当月十七日德国就举兵二十万进攻法国，战争要求军队有这样的速度。但晚清政府统治下的中国，自然科学异常落后，武器装备根本无法与西方强敌相抗衡。在这种情况之下，一旦时局突变，自然无法应对。

在康有为看来，自然科学落后是形成晚清政府外患内忧的重要原因，也是世界上其他国家从强大走向衰败的根本原因。在《进呈〈突厥削弱记〉序》中，康有为介绍了突厥由强大到衰落的过程，认为自然科学落后是突厥走向衰落的重要原因之一。康有为介绍，突厥强大之时，北边占领俄国全部领土，东边占领波斯一半领土，南边征服了非洲大片土地，中部征服了阿拉伯、希腊诸国等，实力非常强大。后来，欧洲各国在政治、宗教、科学等领域突飞猛进，而突厥"恃其强大，酣睡于其比邻，阅数百年，渺若无知"①。直至欧洲各国羽翼丰满，埃及、希腊自立，罗马尼亚、塞维相继独立，俄、英、法、意、奥等国趁机浑水摸鱼、瓜分突厥之土地，突厥才意识到了危险的到来。可以说，自然科学的落后，是突厥国日趋衰落的重要原因。

康有为在对世界局势的分析中，深深地意识到了自然科学的作用。但是在康有为看来，要想振兴自然科学，政治变革才是有效手段。在《敬谢天恩并统筹全局折》中，康有为作了一个重要的分梳："变事"与"变法"。所谓"变事"，即修铁路、开矿山、建学堂等具体的主张。康有为说：

---

① 康有为：《进呈〈突厥削弱记〉序》，《康有为全集》第四集，姜义华、张荣华编校，中国人民大学出版社2007年版，第311页。

第三章　西方科学与康有为维新儒学的建构

> 今天下之言变者，曰铁路、曰矿务、曰学堂、曰商务，非不然也。然若是者，变事而已，非变法也。①

这里所说的铁路、矿务、学堂乃至商务，均与自然科学有着密切的关系。所谓"变法"，即改变社会制度。康有为说：

> 故臣请变法，不欲言某事宜举、某事宜行者……故今欲变法，请皇上统筹全局，商定政体，自百司庶政，用人外交，并草具纲领条目，然后涣汗大号，乃与施行。②

显然，康有为所讲的"变法"，指的是对国家政治制度的变革。事实上，振兴自然科学一直是洋务派的主张，而且洋务派也在这方面做了大量的工作。然而在康有为看来，这些都是"变事"而非"变法"，真正地振兴自然科学，需要进行政治变革。换言之，自然科学的落后使康有为意识到变法势在必行。

与此同时，康有为在提出其政治层面的主张时，西方科学始终是其考虑的一个重要因素。

前文已述，康有为认为国家贫弱之根本原因在于上下不通情，为了实现上下通情的目的，康有为提出了设制度局的主张。从编制上说，康有为所说的制度局由总局和十二分局构成。总局设在皇帝身边，其职责是议定新政；十二分局的责任是推行新政。在其所设定的十二局中，学校局、农局、工局、铁路局、矿务局、海军局等均与西方科学有着密切的联系。

关于学校局，康有为说：

> 自京师立大学，各省立高等中学，府县立中小学及专门学。

---

① 康有为：《敬谢天恩并统筹全局折》，《康有为全集》第四集，姜义华、张荣华编校，中国人民大学出版社2007年版，第91页。
② 康有为：《敬谢天恩并统筹全局折》，《康有为全集》第四集，姜义华、张荣华编校，中国人民大学出版社2007年版，第90页。

若海、陆、医、律、师范各学，编译西书，分定课级，非礼部所能办，宜立局而责成焉。①

学校局负责建立大学、中学、小学，培养海军、陆军、医学、法律、师范等领域的人才，并且翻译所需西学书籍。显然，在康有为的设想中，学校局的重要职责之一就是督促各级机构培养懂西方科学的人才。

关于农局，康有为说：

司举国之农田、山林、水产、畜牧，料量其土宜，讲求其进步改良焉。②

在康有为的设想中，农局的职责是判断土地之性质，看其适合耕种、林木、养殖还是畜牧等，以求将土地的作用发挥到最大。显然，这样的判断没有西方科学是完不成的。

关于工局，康有为说：

司举国之制造机器美术，特许其新制而鼓励之，其船舶、市场、新造之桥梁、堤岸、道路咸属焉。③

在康有为的设想中，机器局的职责是鼓励国人在船舶、市场、桥梁、堤岸、道路等方面的发明。显然，这些发明没有西方科学的参与也是完不成的。

关于铁路局，康有为说：

---

① 康有为：《上清帝第六书》，《康有为全集》第四集，姜义华、张荣华编校，中国人民大学出版社2007年版，第19页。
② 康有为：《上清帝第六书》，《康有为全集》第四集，姜义华、张荣华编校，中国人民大学出版社2007年版，第19页。
③ 康有为：《上清帝第六书》，《康有为全集》第四集，姜义华、张荣华编校，中国人民大学出版社2007年版，第19页。

举国之应修铁路,绘图、定例权限咸属焉。①

在康有为的设想中,铁路局的职责是规划、设计全国的铁路修筑,这也需要西方科学的参与。

关于矿务局,康有为说:

举国之矿产、矿税、矿学属焉。②

在康有为的设想中,矿务局负责开发矿产、收矿税、推广矿学等。矿学是一门典型的自然科学,矿务局的设置与西方科学也有着密切的联系。

关于海军局,康有为说:

治铁舰练军之事。③

在康有为的设想中,海军局有两个职责:一是"治铁舰";二是练海军。而"治铁舰",没有西方科学的参与是完不成的。

设制度局,是康有为在政治层面的重要主张,也是其维新变法时期最为成熟、最为详尽的主张。从上述分析中可以看出,康有为所设的制度局,要么是推广西方科学,要么是应用西方科学。这说明,在康有为的政治改革方案中,西方科学是其考虑的一个重要因素。

2. 西方科学与康有为的文化主张

戊戌维新时期,康有为在文化层面主要提出废科举、兴学校的主张,这与西方科学有着密切的联系。康有为注意到了科举考试的考察

---

① 康有为:《上清帝第六书》,《康有为全集》第四集,姜义华、张荣华编校,中国人民大学出版社2007年版,第19页。
② 康有为:《上清帝第六书》,《康有为全集》第四集,姜义华、张荣华编校,中国人民大学出版社2007年版,第19页。
③ 康有为:《上清帝第六书》,《康有为全集》第四集,姜义华、张荣华编校,中国人民大学出版社2007年版,第19页。

内容与西方科学相比的种种劣势，也注意到了科举制度的存在使中国的知识精英大多为了考取功名而不愿意投身于西方科学，因此他提出废科举、兴学校的主张。

自然科学的落后使康有为意识到必须先废除科举制度。

晚清时期的中国，其科举包括两种：一种是文科举，负责选拔文官；另一种是武科举，负责选拔武官。康有为对这两种形式的科举皆提出了深刻的批评，指出科举考察之内容皆学非所用，不能满足现实要求。

在《请废八股试帖楷法试士改用策论折》中，康有为对文科举的空疏无用提出了自己的批评：首先，科举考试大大地遮蔽了读书人的视野。康有为指出，科举考试立法过严，对体裁又有诸多限制，这使读书人只读四书、只事八股，至于其他则一无所知。

康有为指出，科举制度使读书人的视野十分狭窄，连中国之司马迁、范仲淹、汉祖唐宗都不知道，更不用说亚洲、非洲、欧美之形势了，至于西方科学那就更是一无所知了。其次，科举考试使数百万人枉废精神、徒劳无益。前文已述，康有为曾经做过一个估算，全国童生至少百万人，而科举考试录取率大概只有百分之一，这意味着百万人中只有一万人最终能考上。这些考不上的人大概考十年就放弃了，那么三十年大概只有三百万人考上。在康有为看来，这三百万人不仅没有从事科学、政学、艺学，而且将精力放在空疏无用的八股文之上，实为人才之浪费。最后，科举考试实为愚民之举。康有为指出，中国之所以割地败兵，皆是八股所致也。八股考试学非所用，用非所学，根本无法适应时代之要求。康有为认为，这种考试"昔在一统闭关之世，前朝以之愚民则可矣"，[①] 在今天这样的形势之下是根本行不通的。

事实上，康有为之所以批评文科举空疏无用，一个很重要的原因在于其对西方科学的忽视。

---

① 康有为：《请废八股试帖楷法试士改用策论折》，《康有为全集》第四集，姜义华、张荣华编校，中国人民大学出版社2007年版，第79页。

康有为对文科举空疏无用的批判，一方面是对其于中国学问范围太狭的批判，另一方面是对其于西方科学一无所知的批判。

在《请停弓刀石武试改设兵校折》中，康有为对武科举提出了自己的批评：一是武科举所考察之内容不合时宜。康有为指出，遍观武科举中的乡试、会试以及童试，其所选拔之武举人、生童，不过是一些身体健壮、臂力过人之勇夫。这些人所擅长的，不过是拉弓射箭、举刀抱石之技，这些技能根本无法与西方之洋枪、洋炮相抗衡。二是在武科举的影响之下，中国军队装备落后。中国的军事人才多是通过武科举而选拔的，因此举国没有兵校，更无练兵之说。中国之军事人才大都将注意力集中于武举之上，于西方国家的武器装备一无所知。这使中国军人手中所持武器依旧是弓箭、大刀、石头之类，犹如欧洲人六百年前之兵械，如何能敌过洋枪、洋炮。康有为对武举之批判，归根结底是对其忽略西方科学之批判。

在康有为看来，西方国家的军队之所以强大，与其对自然科学的重视是密不可分的。西方各国军队之兵皆入兵校，学习各种与军事相关的科学技术，且其武器装备皆是最先进之科学技术之应用，这才使其军队拥有了最强的战斗力。

因此，康有为主张设兵校。康有为建议光绪帝废除武举，仿照德国、日本设立军事学校以培养军事人才，其实质就是放弃过去武举中的空疏无用之内容，学习与军事相关之西方科学。

显然，无论是对文科举的批判还是对武科举的批判，康有为都将矛头指向了其远离科学、空疏无用的一面。这意味着，无论是文官的选拔还是武将的选拔，西方科学必须进入其考察范围。然而，科举制度在中国已经延续一千多年，以科举晋升在中国人的思想中早已根深蒂固，科举考什么中国人就学什么。科举考四书、八股，中国的知识精英就沉溺于四书、八股，没有人去关注唐宗、宋祖，更不用说世界形势了。至于西方科学，中国的知识精英更是一无所知，因为科举不考。科举制度的存在，已经影响到了西方科学在中国的传播。

在康有为看来，有且只有废除科举，西方科学才能真正地进入读书人的视野。康有为废除科举的主张，与西方科学有着密切的联系：

因为缺乏对西方科学的考察，所以科举考试空疏无用；而且，科举制度的存在，使读书人为了功名而沉溺于四书、八股，无心于西方科学。

康有为主张废科举，在很大程度上是因为科举制度制约了西方科学的传入。因此，康有为在废科举的基础上提出兴学校的主张，以引进西方科学。

在《请开学校折》中，康有为对德国及日本的学校进行了详细的介绍。康有为指出，德国和日本的学校皆分小学、中学、大学三个阶段。小学教以算数、舆地、物理等自然科学；中学分初等和专门，初等即大家共同学习的内容，专门则分专业而论，包括与农业、商业、矿业、林业、机械、工程、驾驶等相关的自然科学；大学包括经学、哲学、律学、医学四科。日本与德国的教育体制大体相同，不同的是，日本于大学阶段在德国原有四科的基础上又加了农学、工学和商学。

康有为试图模仿德国和日本的学制，在中国建立小学、中学、大学。观德国和日本之学校，其最大的特征即对于自然科学的重视，康有为效法德国和日本实质上是对自然科学之重视。可以说，西方科学正是其所设想的学校教学的重要内容之一。

康有为兴学校的主张，还包括其建立军事学校的设想。在《请停弓刀石武试改兵校折》中，康有为向光绪帝详细地介绍了西方国家的兵校。康有为指出，西方各国之兵皆入兵校学习。无论是炮兵、马兵、步兵还是工医及辎重，皆各习其科。士兵在兵校中学习算学、地图、兵法等与军事相关的科学。西方各国的兵校有小学、中学、大学之分，将帅必须从大学出，否则就算立有大功，也不得委以重任。

康有为试图模仿德国、日本，在中国也建立兵校，这实质上也是对西方科学的重视。

总之，康有为兴学校的主张，与西方科学有着密切的联系，仅从其所设想的学校的教学内容上就能看出这一点。这充分说明，在康有为维新变法的文化主张中，西方科学始终是其考虑的重要因素。

3. 西方科学与康有为的经济主张

维新变法期间，康有为提出了多项经济主张。这些主张的提出，均与西方科学有着密切的联系。

康有为意识到发展经济需要引进西方科学。

"科学技术是第一生产力"，这在今天已经成为共识，也是科学与经济两个领域之间的关系的精准表达。康有为虽然没有提出这样的观点，但在康有为的思想体系中，明显可以看出其对科学在经济运行中所起的巨大推动作用的认可。康有为认为，没有西方科学，中国想脱贫致富是没有任何可能性的。

在康有为看来，国家若欲脱贫，开矿、制造、通商是最好的办法，这是人人共知的。然而，开矿、制造、通商皆需要掌握相关的科学知识。然而，传统的科举制度使读书人将精力放在四书、八股上，没有人愿意放弃荣华富贵去学习西方科学。在这种情况下，脱贫求富是没有任何可能性的。

康有为认为，科学的进步会带来巨大的经济利益。在《上清帝第四书》中，康有为指出西方国家之所以富强有两个原因：一是"立科以励智学"；二是"设议院以通下情"。所谓"立科以励智学"，即国家鼓励科学发明、奖励地理发现。康有为认为，西方国家这样的行为给其带来了诸多的经济利益。康有为举例说：

> 数十年间，哥伦布寻得美洲万里之地，辟金山以致富，每年得银巨万，而银钱流入中国矣。①

又说：

> 道光末年，始有电线、铁路。美人铁路如织网丝，五里十

---

① 康有为：《上清帝第四书》，《康有为全集》第二集，姜义华、张荣华编校，中国人民大学出版社2007年版，第81页。

里，纵横午贯，而富甲大地。①

哥伦布发现了美洲新大陆，给人带来了无尽的财富。电线、铁路加快了信息、物质的周转，使美国富甲全球。康有为用这两个例子说明，科学可以给人带来财富。在《殿试策》中，康有为谈到了理财。他说：

若劝农以土化，考工以机器，讲求商学，慕兴新艺，通达道路，精治畜牧，官天府地，财富可冠五洲。家有重宝，而终日磋贫，无策甚矣！②

在康有为看来，如果能够把西方科学应用到农业、工业、商业、畜牧业等领域，中国就可以变成全球最富有的国家。因为在康有为看来，中国只是因技术落后、开采不力才使国家贫困，只要掌握了西方科学就可以改善经济。

基于上述认识，康有为的经济主张中常常包含着引进西方科学的诉求。维新变法期间，康有为提出了著名的富国养民十策。在这十项经济主张中，开矿、务农、劝工皆与西方科学有着密切的关系。

关于开矿，康有为认为，西方诸国之所以富强，一个重要原因就在于西方列强善于开矿。而中国矿产丰富却苦于技术落后，不能有效开采，才导致这样的被动局面。康有为指出，虽然洋务派就开采矿产做了一些工作，如在云南设矿务大臣，在热河也设矿务局，但是终究未成大事、未见大利。康有为认为，根本原因在于这些人并未真正深入地学习矿学、不懂西方科学。康有为说：

今云南已专设矿务大臣，热河开平亦设官局，并著成效，而

---

① 康有为：《上清帝第四书》，《康有为全集》第二集，姜义华、张荣华编校，中国人民大学出版社 2007 年版，第 82 页。
② 康有为：《殿试策》，《康有为全集》第二集，姜义华、张荣华编校，中国人民大学出版社 2007 年版，第 66 页。

未见大利者,皆由矿学之未开,采办之非人也。①

因此,康有为主张向西方国家学习矿学这门自然科学。为了振兴矿业,康有为提出了四条策略:一是让中国人学习矿学。康有为指出,在西方国家中比利时国对于矿学之研究最为先进,因此宜找比利时国人在校任教,我们向其学习矿学;二是广泛采购开采设备;三是大修铁路;四是选相关人才进行有效监督。显然,在康有为振兴矿业的策略中,关键是要学习采矿技术,引进西方科学。康有为开矿的主张本身,就带有引进西方科学的诉求。

关于务农,康有为指出,西方国家由于有先进的科学技术,所以其农业产出大、效率高。

康有为介绍了西方国家在农业方面的科技成果,通过农学会可以不断地发展农业科技并将其成果广泛地传播给农民,鸟粪可以做成肥料,电气可以促进生长,热水可以温暖土地,玻璃可以用来做成温室,收割机械可以省去数人之劳动力,等等。这些都是西方科学给农业带来的种种便利。康有为认为,我国虽然地大物博,但由于科学技术落后,所以产出率太低。因此,康有为主张在中国也设农学会,以便学习传播农业科学技术。显然,康有为务农的主张,天然地包含着引进西方科学的诉求。

关于劝工,康有为指出,西方诸国之所以强大,与其工业发达有着密不可分的关系。康有为认为,洋务派诸如曾国藩这样的名臣虽然也认识到了这一点并开机器局,然而收效却甚微。康有为认为,之所以出现这样的被动局面,是因为前人只是被动地模仿而没有主动地学习。

因此,康有为建议设考工院,其职责如下:一是翻译西方关于制造的科学书籍;二是选拔有算学基础的儿童去考工院学习,由考工院为其提供学习的各种有利条件;三是以嘉奖专利的形式鼓励各种科学

---

① 康有为:《上清帝第三书》,《康有为全集》第二集,姜义华、张荣华编校,中国人民大学出版社2007年版,第70—71页。

发明。显然，康有为的劝工主张，在前人的基础之上更加注重对于西方科学的引进。

无论是开矿、务农还是劝工，都是为了富国养民，为了促进经济发展，而在这些主张中都包含着引进西方科学的诉求。这说明，康有为已经十分清醒地意识到自然科学在经济发展中的正面作用。进一步说，康有为在提出自己的经济主张时，西方科学是其必然要考虑的一个重要因素。

二 西方科学对康有为变法依据的影响

前文已述，作为维新变法的领袖，康有为不仅提出了维新变法的具体主张，也为其变法提供了理论依据，即以三世进化说为核心的今文经学。康有为的三世进化说，不仅在公羊家原三世说的基础上赋予了三世新的内涵，更为重要的是，康有为借孔子之权威肯定了这种进化的必然性。这就相当于说，晚清时期的君主专制制度必然要被君主立宪制度所取代，维新变法是孔子微言大义的必然要求。然而，就维新时期而言，康有为的进化观念肯定了历史进化的必然性，这与传统的历史循环论有着本质的区别。

中国古代有自己的进化观念，这种观念体现在其循环史观中。所谓循环史观，即认为人类社会的发展经历着一种相似的、周而复始的过程。这种循环史观有一定的理论根源，如战国时期邹衍提出的"五德终始说"以及汉代董仲舒提出的"三统说""三正说"等。邹衍认为，世界万物由土、木、金、火、水五种物质构成，这五种物质又称为"五德"，每个朝代代表其中的一德。朝代的更替是按照土、木、金、火、水五德相胜的顺序来进行的，代表土德的政权必然会被代表木德的政权所取代，因为木克土；代表木德的政权必然会被代表金德的政权所取代，因为金克木；代表金德的政权必然会被代表火德的政权所取代，因为火克金；代表火德的政权必然要被代表水德的政权所取代，因为水克火；代表水德的政权必然会被代表土德的政权所取代，因为土克水。如此，则土、木、金、火、水循环往复。董仲舒所说的"三统"是指黑统、白统、赤统，其所说的"三正"是指以子月为正月、以丑月为正月、以寅月为正月。董仲舒认为，每个政权都代表着"三统"中的一个,政权的更替就是黑统、白统、赤统的循环。董仲舒进一步指出,每一统都有相对应的正月,黑统以寅月为正月,白统以丑月为正月,赤统以子月为正月。当朝代更替时,以哪月为岁初也应做出相应的变化。这就是董仲舒所说的"改正朔,易服色",他认为这是顺应天志的行为。

循环史观虽然最终又回到了起点,但是在每一个循环当中,是包含着某种进化在其中的。从土德到木德,从木德到金德,从金德到火德,从火德到水德,从水德到土德,这就是进化。此外,从黑统到白统,从白统到赤统,这也是进化。应当说,早期中国的进化观念体现在历史观方面主要是一种循环论的历史观。这种循环史观与中国历史上历代王朝更替是有密切关系的,每个王朝从推翻旧王朝建立新政权到兴盛再到衰落而被下一个政权取代,似乎都有着相似的经历。可以说,历史循环论正是对中国历史政权更替的抽象描述。

西方的进化观念最早可追溯到公元前 6 世纪。古希腊哲学家阿那克西曼德认为,动物最初生活在水中而且身上长满鳞片,后来一部分动物迁到了陆地上,慢慢地改变了其外形。这里面包含着动物进化的观念。古希腊另一位哲学家亚里士多德著有《论动物的组成部分》《动物的历史》以及《论动物的繁殖》等著作,其中记载了四百多种动物并进行了分类,也包含有动物进化的观念。当然,这样的进化观念主要还是建立在猜想的基础之上的。近代的一些西方哲学家诸如弗兰西斯·培根、笛卡儿、康德等,也提出过动物进化的观点。第一次明确提出"进化论"这一概念的是法国的拉马克,在其《动物学的哲学》一书中主张用"用进废退法则"和"获得性状遗传法则"解释生物的进化过程。1859 年,达尔文的《物种起源》一书正式出版,生物进化论真正出现。达尔文的生物进化论指出地球上所有的生物都有一个共同祖先,这一个共同祖先在时间流逝中不断发生变化进而产生不同的物种,这些不同的物种经过自然选择之后存活下来。达尔文的生物进化论问世之后,不仅在自然科学领域产生了巨大的反响,在社会科学领域也产生了深刻的影响。原本属于自然科学成果的生物进化论逐渐演变为社会达尔文主义,强调"物竞天择"的原则也适用于人类社会。至此，进化观念在西方社会传播开来。不同于中国的循环史观，西方的进化观念在历史观方面强调社会进化的不断向前、永无止境。

严复的《天演论》正式出版于1898年，但1896年其手稿就已经在知识分子中间传开，梁启超就曾经研读过这部著作。然而，中国人对进化论的了解并非始于1896年。早在这之前，西方的生物进化观念就已经传入中国。1871年，上海的江南制造局翻译出版了《地学浅释》一书，该书由英国的雷侠儿著，美国的玛高温译，华蘅芳述。

雷侠儿认为，地球上的生物并非一成不变，而是随着时间的推移不断地变化。物种可以由此物变成彼物，可以由此形变成彼形。显然，这里已经有了物种进化的观点。

可见，西方的生物进化论传入中国的时间最早可追溯到1871年。

还有另外一部西方地质学著作《地学指略》也介绍了生物进化原理。《地学指略》最早由上海益智书会于1881年出版，由英国文教治口译李庆轩笔述。《地学指略》中讲到了地层中的化石，化石中保存了地球早期的各种动植物。化石成形越早，其中的动植物种类就越少越低级，肢体也越简单。由此作者得出结论：地球上的物种由少至多，由简单至复杂，由低级至高级不断地发生变化。显然，这里面已经包含了生物进化的思想。

1891年，《地学稽古论》作为《格致汇编》一部分出版，《地学稽古论》由英国傅兰雅译，其中介绍了地壳构成，介绍了化石中所埋藏的各种动植物遗迹，也涉及了生物进化原理。《地学稽古论》中介绍，成形越早的化石，其中所包含的动植物越少也越低级。此外，海草是所有植物的祖先，一切植物皆由海草进化而来，而人是动物之终点，由低级动物进化而来。这种进化非一朝一夕能够完成，而是经过了近古八千年、太古五六千万年以及更加遥远的荒古这样漫长的岁月。

此外，1877年《格致汇编》上登了一篇名为《混沌说》的文章，其中提及了人是由猿进化而来的观点。《混沌说》介绍：

又有地学家于各层土石内细查人与各动物之骨迹，知地球已有人之时约在若干年间。又云：初有之动物皆甚简便，后始逐渐由简而繁也。即初有者为虫类，后渐有鱼与鸟兽，兽中最灵者为大猿，猿渐化为人。是人盖从渐而贵，从简而繁也。①

这段材料已经涉及了人类的祖先，与达尔文的生物进化论已经十分相似了。

上述材料充分证明，西方的生物进化论观点，早在严复的《天演论》出版之前就已经传入中国。生物进化论的观点，绝非严复首次引入。康有为的《新学伪经考》成书于1891年，其《孔子改制考》成书于1892—1898年之间。这意味着，从逻辑上讲，如果康有为的三世进化说中的进化观念是受到了西方生物进化论的影响，那么这种影响不是来自严复的《天演论》，而只能是来自之前传入的西方科学著作，诸如《地学浅释》《地学指略》以及《格致汇编》中的《地学稽古论》《混沌说》等文献。

那么，康有为有没有见过上述文献呢？据现有材料，可以肯定的是，康有为肯定见过《地学浅释》及《格致汇编》。前文已述，1894年康有为作《桂学问答》一文，其中谈到了一些必读书目。在这些必读书目中，西学类书目包括《地理浅释》及《格致汇编》。显然，康有为对《地学浅释》一书是熟悉的，否则他不会推荐给其学生。此外，关于《格致汇编》，康有为又专门强调三点：一是《格致汇编》为丛书；二是内容丰富，农桑百学都有；三是这诸西学书中，《格致汇编》最佳。可见，康有为对《格致汇编》这套丛书是比较熟悉的。由此可推测，康有为对《格致汇编》中的《地学稽古论》《混沌说》等文献应该是了解的。

此外，梁启超于1892年作《读书分月课程》一文，其中在谈到

---

① ［英］傅兰雅译：《混沌说》，《格致汇编》1877年秋，第6页。

西学必读书目时,也将《地学浅释》作为西学必读著作之一。① 梁启超早年接受传统的儒家教育,对外界知之甚少。1890年,十八岁的梁启超入万木草堂,康有为"教以陆、王心学,而并及史学西学之梗概。"② 从1890年始,梁启超入万木草堂随康有为学习三年,康有为不仅教其陆王心学及史学,还教其西学之大概。这意味着,梁启超的《读书分月课程》正好作于其在万木草堂学习期间。结合梁启超入万木草堂之前除《瀛环志略》外并未接触过西学这一事实,梁启超对《地学浅释》的了解乃来自其师康有为。这一事实更进一步证明,康有为对《地学浅释》一书是熟悉的,《地学浅释》中所涉及的生物进化论康有为也是了解的。就《地学指略》一书而言,尽管现有材料无法证明康有为读过此书,但以康有为对西方科学的兴趣,他应该见过这部流通较广的书籍。

康有为在严复的《天演论》出版之前就了解西方的生物进化论,还可以从梁启超给严复的一封书信中得到佐证。1896年,梁启超给严复修书一封,在谈及《天演论》一书时,梁启超说:

> 南海先生读大作后,亦谓眼中未见此等人。如穗卿,言倾佩至不可言喻。惟子择种留良之论,不全以尊说为然,其术亦微异也。书中之言,启超等昔尝有所闻于南海,而未能尽。南海曰:"若等无诧为新理,西人治此学者,不知几何家几何年矣"。及得尊著,喜幸无量。启超所闻于南海有出此书之外者,约有二事:一为出世之事,一为略依此书之义而演为条理颇繁密之事。③

从这段材料中可以推测:首先,康有为1896年也读过严复的

---

① 参见梁启超:《变法通议》,《梁启超全集》第一册,张品兴主编,北京出版社1999年版,第8页。
② 梁启超:《三十自述》,《梁启超全集》第二册,张品兴主编,北京出版社1999年版,第957页。
③ 梁启超:《变法通议》,《梁启超全集》第一册,张品兴主编,北京出版社1999年版,第71页。

《天演论》手稿，康有为认为《天演论》所谈之事并非新理，西方人"治此学者不知几何家几何年矣"。这说明，在康有为读《天演论》之前，对生物进化论已经有所了解；其次，生物进化之理，梁启超在康有为那儿也听说过。梁启超说"书中之言，启超等昔尝有所闻于南海"，可见梁启超在康有为那儿听说过生物进化论；最后，康有为对进化论有所阐发。梁启超说康有为"略依此书之义而演为条理颇繁密之事"，可见康有为对进化论思想有所发挥。总之，可以肯定的是，在见到严复的《天演论》之前，康有为已经通过其他渠道了解到了西方进化论，并且对梁启超讲过其大概，而且还对进化论思想作了发挥。尽管梁启超并未谈康有为到底如何"略依此书之义而演为条理颇繁密之事"，其"条理颇繁密之事"指什么，但是，康有为的三世进化说显然与西方的生物进化论有着密切的联系。

康有为早在严复的《天演论》定稿之前就读过《地学浅释》《地学指略》等文献，还有一个铁证，即康有为掌握了诸多西方生物进化论的知识，本书第三章第一节已经作了介绍，兹不赘述。因此，康有为在1896年之前就已经熟悉西方的生物进化论是没有疑义的。刘星认为："康有为有关生物进化的思想早在1897年严复翻译的《天演论》出版之前，康氏的生物进化论思想就已经形成。因此他在《万木草堂》里已经讲到地有八层的理论……"[①] 应当说，这样的评价是符合历史事实的。"康有为通过吸纳东传的西方科学知识补益儒学"[②]，这是一个不争的事实。

前文已述，中国和西方均有进化观念。中国的进化观念主要体现在历史观领域，强调历史不断向前推进并呈循环之势。西方的进化观念主要体现在自然科学领域，强调动植物的进化。就抽象的进化观念本身而言，西方的进化观念没有循环论的特征，其进化的方向是始终向前、永无止境的。可以说，有没有循环论的特征是中国传统的进化

---

① 刘星、刘溪：《康有为进化论思想探析》，《湖北社会科学》2015年第9期。
② 刘星：《康有为"大同之世"的理论建构及其现代价值》，《孔子研究》2020年第6期。

观念与西方的进化观念的核心区别。就康有为而言，其进化观念体现出了与传统进化观念不同的特点。这种不同体现在，传统哲学虽然也讲进化，但这种进化是周而复始的循环。而康有为的三世进化说却强调从据乱到升平再到太平，从君主专制到君主立宪再到民主制，这种进化只会向前而不会倒退更不会循环。这是康有为的进化观念与传统进化观念的本质区别。显然，康有为的三世进化说在前人进化观念的基础上注入了新的内容。这种新内容就体现在其对历史循环论的否定。

康有为对西方进化观念的引进是一个隐蔽的过程。具体而言，即通过对西方生物进化论的了解，抽象出了进化观念，然后再将这样一个进化观念融入到其三世进化说中。可以说，康有为的三世进化说的提出，是西方的生物进化论、中国的公羊三世说共同作用的结果。一些学者认为，康有为的三世进化说完全来自其今文经学，理由是其提出三世进化说是在严复翻译《天演论》之前。

这样的观点有一定的道理，但不可否认的是，西方进化论早在严复翻译《天演论》之前，就已经通过《地学浅释》《地学指略》以及《格致汇编》中的《地学稽古论》《混沌说》等文献传入中国。而且，康有为早在严复的《天演论》定稿之前就已经了解了西方生物进化论知识。

既然康有为三世进化说的思想来源包括西方的生物进化论，为什么康有为闭口不谈呢？这与康有为的理论诉求有着必然的联系。我们知道，康有为之所以重新提倡今文经学，否认古文经、尊孔子为圣王、提出三世进化说，其理论目标是要借孔子之口说出历史进化的必然性，进而为其维新变法提供理论依据。因此，从理论建构上讲，康有为必须将从据乱到升平的进化、从君主制到立宪制的进化说成是孔子的主张，这样才能真正地从理论上抗衡顽固派并进而为其维新变法提供理论依据。

事实上，随着早期生物进化论的传入，进化观念作为一种抽象的形上观念已经在中国仕人之间广泛传播，这种形上观念已经深深地影响了中国人包括康有为在内。康有为将这种抽象的进化观念应用到其对公羊三世说的阐发当中,这就使康有为的三世进化说有了不同于传统的历史循环论的特征。因此,康有为的今文经学是受了西方科学的影响,西方科学在其今文经学的建构中发挥了重要的作用。

  综上所述,西方科学在康有为维新儒学的建构过程中,起了积极的推动作用,这是不争的事实。诚如刘星所言:"康有为关于科学与教育、科学与生产力、科学与儒学的诸多关系阐释中,科学都扮演着十分重要的角色,尤其是戊戌维新运动对西方科学在中国的生根发芽发挥着承前启后的作用。"[①]

[①] 刘星:《浅论康有为科学思想的现代价值》,《自然辩证法研究》2019年第2期。

第四章 西方科学与梁启超维新儒学的建构

本章主要介绍西方科学在梁启超维新儒学建构中的作用，进一步说即西方科学与梁启超维新儒学的关系，分三个层次完成：一是梁启超对西方科学的了解；二是梁启超的维新儒学思想；三是西方科学对梁启超维新儒学的影响。前文已述，维新儒学有两个基本维度：一是维新变法的基本主张；二是维新变法的理论依据。因此，梁启超的维新儒学也分两个层次介绍：一是梁启超维新变法的基本主张；二是梁启超维新变法的理论依据。同样，西方科学对梁启超维新儒学的影响也从这两个维度展开：一是西方科学对梁启超的变法主张的影响；二是西方科学对梁启超的变法依据的影响。

第一节 梁启超对西方科学的了解

一 梁启超对西方科学的学习

梁启超早年接受儒家传统教育，有着良好的儒学基础。梁启超五岁开始读《四书》《诗经》，六岁时随启蒙老师张乙星先生读书，从此进私塾。八岁"学为文"，九岁"能缀千言"；十一岁读张之洞《𫐐轩语》《书目问答》，"始知天地间有所谓学问者"。十二岁钻研八股文、学唐诗，读《史记》一、《纲鉴易知录》一、《汉书》一、姚氏《古文辞类纂》一诸书。"十三岁始知有段、王训诂之学，大好

第四章 西方科学与梁启超维新儒学的建构

之,渐有弃帖括之志。"① 十五岁"时肄业于省会之学海堂,堂为嘉庆间前总督阮元所立,以训诂词章课粤人者也,至是乃决舍帖括以从事于此。不知天地间于训诂词章之外,更有所谓学也。"② 可以说,十八岁之前,梁启超一直接受的是儒家传统教育。

十八岁时,西学第一次进入梁启超的视野。1890 年,梁启超"下第归道上海,从坊间购得《瀛环志略》读之,始知有五大洲各国。且见上海制造局译出西书若干种,心好之,以无力不能购也。"③ 《瀛环志略》的作者徐继畬(1795—1873),山西五台人,因长期在广东、广西、福建等地任巡抚、布政使等职,所以有机会接触西方人。经过长期的收集材料,包括当时西方人作的各种世界地图以及西方人编的一些中文的地理著作、报纸等材料,徐继畬编成了这部重要的地理学著作。徐继畬的《瀛环志略》包括世界各大洲的地图,也包括世界各国的地理位置、文化特征及风土人情等。梁启超于 1890 年见到了《瀛环志略》一书,对于世界各国的地理位置有了一定的认知,全球观念逐渐形成。

上海制造局,即江南制造局,是晚清译书机构中由政府创办的出书最多、影响最大的翻译馆。据熊月之先生考证,翻译馆共出 180 种西书,其中社会科学 21 种,自然科学 37 种,医学与农学 23 种,工艺制造 28 种,军事科学 41 种,船政、工程、矿学等 30 种。④

在这 37 种自然科学书籍中,其中有 27 种出版于 1890 年之前。梁启超于 1890 年路经上海,"见上海制造局译出西书若干种",就自然科学而言,上述 27 种自然科学书籍必然在其可见范围之内。梁启超 1890 年路经上海,一定有机会见到这些书籍。梁启超具体见到了哪些书籍,目前已经无从考证。但是,梁启超一定浏览了其中部分书

---

① 梁启超:《三十自述》,《梁启超全集》第二册,张品兴主编,北京出版社 1999 年版,第 957 页。
② 梁启超:《三十自述》,《梁启超全集》第二册,张品兴主编,北京出版社 1999 年版,第 957 页。
③ 梁启超:《三十自述》,《梁启超全集》第二册,张品兴主编,北京出版社 1999 年版,第 957 页。
④ 参见熊月之:《西学东渐与晚清社会》,中国人民大学出版社 2011 年版,第 396 页。

籍,这是毋庸置疑的。这种浏览,为梁启超开阔视野、了解西方科学会有很大的帮助。此外,熊月之先生所提到的医学、农学、工艺制造、军事科学、船政、工程、矿学等西方科学书籍,梁启超也是有机会见到的。

也就在这一年,梁启超正式拜入康有为门下,入万木草堂学习。梁启超说:

> 于是乃因通甫修弟子礼,事南海先生……明日再谒,请为学方针。先生乃教以陆、王心学,而并及史学西学之梗概。①

梁启超于这一年初次见到了康有为,康有为向其介绍了为学方针并向其介绍了"西学之梗概"。在万木草堂学习期间,梁启超阅读了许多西学书籍。万木草堂藏书丰富,其中有不少西学书籍,这为梁启超对于西方科学的学习提供了很大的便利。据《据清代学术概论》介绍,1891年,梁启超在万木草堂期间,"亦涉猎清儒经注及译本西籍"。梁启超此时所涉猎的这些"西籍",对于其日后对西方科学的宣传起了很大的作用。在对西学有了一定的了解之后,梁启超于1892年,购买了一批西学书籍。据《曼殊室戊辰笔记》记载:

> 二十岁壬辰……斯时于国学书籍而外,更购江南制造局所译之书,及各星轺日记,与英人傅兰雅所辑之《格致汇编》等书。②

前文已述,梁启超于1890年曾经见过江南制造局出版翻译的诸多西方科学书籍,这些自然科学书籍包括数学、物理、化学、医学、矿学等西方科学,但于彼时并未购买。此次,梁启超真正购买了一些包括《格致汇编》在内的西方科学书籍。虽然我们无法判断梁启超到底购买了哪几种,在所购买的这些书籍当中梁启超读了哪些以及读到了什么程度。但是,可以肯定的是,梁启超一定读过这些书中间的一

---

① 梁启超:《清代学术概论》,朱维铮校注,中华书局2010年版,第126页。
② 丁文江、赵丰田编:《梁启超年谱长编》,上海人民出版社1983年版,第29页。

部分，比如专门提到的《格致汇编》。

《格致汇编》是晚清时期最早的一份科学杂志，是傅兰雅创办的。《格致汇编》对于西方自然科学在中国的传播起了很大的作用，其内容包括自然科学知识、工艺技术、科学家传记以及答读者问等。就自然科学知识而言，其内容包括数学、物理、化学、天文学、地理学、生物学、医药学等。《格致汇编》于1876年首次正式刊出，到1892年，规模已经相当可观。梁启超阅读《格致汇编》，说明其对西方科学的一些基础知识是有所掌握的。

除《格致汇编》之外，梁启超应该还读过《格致须知》《谈天》《地学浅释》这三部自然科学书籍。1893年，梁启超作《读书分月课程》，其中谈到读书次第问题，并将所读之书分为五类：经学、史学、子学、理学以及西学。在西学当读书目中，包括《格致须知》《谈天》《地学浅释》这三部书。晚清时期西学书籍已经很多，梁启超专门提这三种，这在一定程度上说明，梁启超对这三种书籍是比较熟悉的。

《格致须知》是一套介绍西学的丛书，由英国傅兰雅编译。《格致须知》原计划编写10集，每集8种，其中第一、二、三集为自然科学类，第四、五、六集为工艺类和社科类，第七集为医药类，第八、九集为国志、国史类，第十集为教务类。据张晓先生考证，从1882年到1898年，共出版二十册，它们分别是：

> 地理须知1882（清光绪八）年，地学须知1883年，地志须知1883年，化学须知1886年，气学须知1886年，量法须知1887年，天文须知1887年，代数须知1887年，算法须知1887年，声学须知1887年，画学须知1888年，曲线须知1888年，重学须知1889年，力学须知1889年，水学须知1891年，矿学须知1993年，全体须知1894年，光学须知1895年，植物须知1898年，热学须知1898年。①

---

① 张晓编著：《近代汉译西学书目提要（明末至1919）》，北京大学出版社2012年版，第447页。

梁启超的《读书分月课程》作于1902年，上述书目中除矿学须知、全体须知、光学须知、植物须知、热学须知外，其他十五册均已出版，梁启超对这些书籍应该是熟悉的。在《论译书》一文中，梁启超提及了傅兰雅。他说：

> 近译诸名如汽字之类，假借字也。如六十四原质，锌、铂、钾等之类，造新字也。傅兰雅译化学书，取各原质之本名，择其第一音译成华文，而附益以偏旁，属金类者加金旁，属石类者加石旁，此法最善……①

这里涉及了傅兰雅，也涉及了化学元素，说明梁启超读过傅兰雅所译的化学类书籍。

《谈天》是一部天文学著作。全书十八卷：论地、命名、测量之理、地学、天图、日躔、月离、动理、诸行星、诸月、彗星、摄动、椭圆诸根之变、逐时经纬度之差、恒星、恒星新理、星林、历法等。概括而言，全书谈了三个重大的天体物理学的问题：第一，从天体测量学的角度介绍了各种天体模型。第二，以哥白尼日心说、开普勒三定律以及牛顿万有引力定律为理论基础，重点介绍了太阳系。第三，介绍了太阳系以外的天体结构。《谈天》这部天文学著作，梁启超肯定是读过的，因为他对其中的内容是有所了解的。在《说动》一文中，梁启超描述了一个宇宙模型，金星、水星、火星、木星、土星、天王星、海王星、彗星以及其他无数小行星共同绕太阳旋转而形成世界；以太阳为中心的世界绕昴星而旋转，形成大千世界；以昴星为中心的大千世界再绕他星而旋转，形成世界海。显然，这样的认识是建立在熟悉西方天文学的基础之上的。这说明，梁启超对《谈天》这本著作是熟悉的。

《地学浅释》是一本地质学著作。该书介绍了地质的成因、结构、

---

① 梁启超：《论译书》，《梁启超全集》第一册，张品兴主编，北京出版社1999年版，第49页。

分期，介绍了人类的起源以及地球上的人口分布情况，还介绍了生物进化之理，其中涉及了马克及达尔文的生物进化论。这本书是严复《天演论》定稿出版之前，中国人了解西方生物进化论的最为重要的著作。梁启超也通过《地学浅释》一书，了解到了西方生物进化论。

在《读〈春秋〉界说》一文中，梁启超谈及了生物的进化。梁启超给出了一个生物进化秩序：地球→树木、鸟类→鱼类→兽类→人类。梁启超谈及了地球的进化、动植物的进化以及人类的产生，这些内容均涉及了《地学浅释》所谈的问题，这说明梁启超对此书是比较熟悉的。

综上所述，作为一个儒家学者，梁启超在戊戌政变之前，对于西方自然科学还是有所了解的。首先，梁启超对于西方科学的分类是比较了解的。1890年，梁启超见到了诸多江南制造局译出的西书，西书的名称本身就代表着一种西学的分科。后来梁启超又接触到了《格致汇编》《格致须知》，这些著作均体现着明确的学科分类。所以，我们可以从梁启超的文章中多次看到这样的表述"声、光、化、电"等。其次，梁启超对于化学元素有一定的了解，这不仅体现在其将《格致须知》列为必读书目，还体现在其在《论译书》一文中谈及的对傅兰雅译化学元素的介绍。再次，梁启超对于天体物理学有一定的了解，这不仅体现在其对《谈天》这一著作的重视，还体现在其在《说动》一文中对宇宙模型的描述，没有西方天文学知识，这样的描述是不可能的。最后，梁启超对于地质学以及生物进化论也有一定的了解，这不仅体现在其对于《地学浅释》的重视，更体现在其在《读〈春秋〉界说》一文中对地球进化、动植物进化及人类进化的描述。此外，梁启超对于数学知识也有一定的掌握，据《三十自述》：

> 甲午年二十二，客京师，于京国所谓名士者，多所往还。六月日本战事起，惋愤时局，时有所吐露，人微言轻，莫之闻也。

顾益读书，治算学、地理、历史等。①

这说明，梁启超对数学也是比较熟悉的。

二　梁启超对西方科学的宣传

前文已述，梁启超十八岁起开始接触西学并进入万木草堂学习。在万木草堂学习期间，梁启超不仅有机会接触万木草堂所收藏的各种西学书籍以及自然科学仪器，而且还曾经购得江南制造局所译西书以及傅兰雅所编的《格致须知》。梁启超的这些经历决定了其必然会对西方科学有所了解，事实也正是如此。从其早年的文章内容中可以看出，梁启超对于天体物理学、化学元素、生物进化论以及数学运算还是有所了解的。这些都为梁启超早期对于西方科学的宣传打下了良好的基础。

1894年，中日甲午战争爆发，中国的惨败迫使维新派登上历史舞台，梁启超也于这一年开始崭露头角。从这个时候起，梁启超先后参与了公车上书，参与了组织强学会，这些活动均未使梁启超成名。真正使梁启超成名的，是其作为《时务报》主笔时期所撰写的大量文章。

《时务报》于1896年8月9日创刊，由汪康年、梁启超、黄遵宪等创办，汪康年任经理，梁启超任主笔。《时务报》在当时影响非常大，与天津的《国闻报》一起成为戊戌时期影响最大的两种报刊。梁启超后来说：

　　甲午挫后，《时务报》起，一时风靡海内，数月之间销行至万余份，为中国有报以来所未有，举国趋之，如饮狂泉。②

《时务报》先后共出69期，其中52期均有梁启超的文章。汤志

---

① 梁启超：《三十自述》，《梁启超全集》第二册，张品兴主编，北京出版社1999年版，第958页。
② 梁启超：《清议报一百册祝辞并论报馆之责任及本馆之经历》，《梁启超全集》第一册，张品兴主编，北京出版社1999年版，第477页。

第四章　西方科学与梁启超维新儒学的建构

钧先生在其《戊戌变法史》中对梁启超于《时务报》上所发的文章及做了一个统计，具体内容如下表①：

册数	论著名称
一	论报馆有益于国事 变法通议自序
二	论不变法之害（变法通议一）
三	论变法不知本原之害（变法通议二） 波兰灭亡记
四	沈氏音书序
五	论学校（变法通议三之一——总论） 论加税
六	论学校一（变法通议三之二——总论［续］） 说橙
七	论学校二（变法通议三之二——科举） 西学提要农学总叙
八	论学校二（变法通议三之二——科举［续］） 西学书目表序例
九	论中国积弱由于防弊
十	论学校三（变法通议三之三——学会［续］） 古议院考
十五	论学校四（变法通议三之四——师范学校） 治始于道路说（麦孟华撰，署梁名）
十六	论学校五（变法通议三之五——幼学） 戒缠足会叙
十七	论学校五（变法通议二之五——幼学［续］）
十八	论学校五（变法通议三之五——幼学［续］）
十九	论学校五（变法通议三之五——幼学［续］）
二十一	记江西康女士 日本国志后序

---

① 参见汤志钧《戊戌变法史》（修订本），上海社会科学院出版社2015年版，第135—136页。

续表

册数	论著名称
二十三	论学校六（变法通议三之六——女学） 农会报序
二十五	论学校六（变法通议三之六——女学［续］） 试办不缠足会简明章程 蚕务条陈叙
二十六	说群自序
二十七	论学校七（变法通议三之七——译书）
二十九	论学校七（变法通议三之七——译书［续］） 记自强军
三十一	论中国之将强 记尚贤堂
三十三	论学校七（变法通议三之七——译书［续］） 萃报叙 续译列国岁计政要叙
三十五	史记货殖列传今义
三十六	学校余论（变法通议三之余） 春秋中国夷狄辨序
三十七	史记货殖列传今义（续第三十五册）
三十八	医学善会序 中国工艺商业考提要
三十九	续论变法不知本原之害（变法通议二之余） 记东侠
四十	知耻学会叙
四十一	论君政民政相嬗之理
四十二	大同译书局叙例
四十三	论商务十（变法通议七之十——金银涨落）
四十四	蒙学报演义报合叙
四十五	读日本书目志书后 倡设女学堂启
四十七	日本横滨中国大同学校缘起
四十九	湖南时务学堂学约十章

续表

册数	论著名称
五十一	南学会叙 俄土战纪叙（战纪丛书二十种之一）
五十五	经世文新编叙

根据汤志钧先生的考证，梁启超先后在《时务报》上发表了60篇文章。仔细阅读每篇文章后可以发现，只有20篇没有涉及西方科学。它们分别是：《波兰灭亡记》《沈氏音书序》《论加税》《说橙》《春秋中国夷狄辨叙》《记东侠》《论军政民政相嬗之理》《倡设女学堂启》《俄土战纪》（战纪丛书二十种之一）《经世文新编叙》等。在其余40篇文章中，梁启超均直接或间接地提及了西方科学。例如，在《论报刊有益于国事》一文中，梁启超指出报刊有助于传播西方科学；在《变法通议·自序》一文中，梁启超以生物进化论的相关知识论证变法的合理性；在《论不变法之害》一文中，梁启超指出自然科学落后是国家衰弱的重要原因；在《论变法不知本原之害》一文中，梁启超指出变法之本原在于育人才，强调科学人才的匮乏；在《论学校》诸篇中，梁启超一再强调西方科学的重要性。在梁启超发表的60篇文章中，有40篇涉及了西方科学，这为西方科学在中国的传播所做的贡献是巨大的。这也在一定程度上说明，梁启超对西方科学是比较熟悉的。

第二节 梁启超的维新儒学思想

一 梁启超维新变法的基本主张

在《论不变法之害》一文中，梁启超指出，变法是天下之大势，没有人能够阻止。如果清政府能够顺应潮流，主动权尚在于自己，如果逆流而动，后果不堪设想。就维新时期而言，梁启超主要强调两个层面的改革：一是政治层面的改革；二是文化层面的改革。

1. 政治层面的主张

维新变法时期，梁启超的政治主张通过开民智、开绅智、开官智来"兴民权"。所谓兴民权，即为中国人争取各种权利。梁启超指出，今天（晚清时期）为中国出谋划策者，必定会提出兴民权。兴民权是没有问题的，只是兴民权不是一朝一夕就可成就的。因为权生于智，有一分之智则有一分之权，有六七分之智则有六七分之权，有十分之智则有十分之权。因此，兴民权的关键在于开国人之智。而要开国人之智，就要开民智、开绅智、开官智。

民智如何开呢？梁启超以湖南为例，认为湖南的官绅知道开民智的重要性，所以开办了时务学堂。但是，时务学堂根本无法满足广开民智的需求。因为学堂只有二三百人，就算每个人都能成才，那也是不够用的，况且培养一个出色的人才至少需要五年时间，而在这五年之间这些人的影响不能出于学堂之外。梁启超认为，时局已经十分危急，仅凭时务学堂是远远不够的，因此他提出开民智的两项主张：一是变科举；二是州县遍设学堂。前文已述，科举制度的存在，大大地阻碍了新式人才的产生。科举考试的内容使社会上的精英分子将精力投入到八股等空疏无用之学当中，一旦大敌犯境这些人束手无策。科举考试又是晚清社会人才选拔的重要渠道，这使社会上的精英分子沉湎于八股，不愿意学习西方科学。而在晚清这样的时局之下，原有的知识结构根本无法解决当下的问题，知识必须更新。在这种情况下，改科举势在必行，这不仅是文化层面的要求，也是政治层面的要求。梁启超同时也意识到，仅仅凭一个时务学堂是不够的，因此大力主张在全省各州县广设学堂，这也是其开民智的必然要求。

绅在中国社会是一个特殊的群体，一般指地方上有名望、有势力的人，他们通常都是地主或者退休的官僚。随着科举制度的不断发展，通过科举制度谋取功名的人越来越多，那些考取功名还不曾为官的人就被称为"士"。后来，绅与士统称为"绅士"。晚清时期的中国，"绅士"在社会上有着特殊的地位，他们因自己特殊的身份上可以与官接触，下可以与民为伴。所以，许多维新志士包括谭嗣同在内都试图将绅士作为上下"通情"的理想人选，即在官员和百姓之间有效沟通的人。

在梁启超看来，要力挽时局首先要通上下之情，即在官和民之间做有效的沟通。而做这种沟通的最佳人选就是绅士，因此要重用绅士这个阶层。但是，重用绅士有两个隐患：一是"虑其不能任事"；二是"虑其藉此舞文"。梁启超指出，要解决这两个问题：一是要定权限，二是要开绅智。

所谓"定权限"，即议事权和行事权的区分。梁启超向往西方的议会制度，他说：

> 西人议事与行事分而为二，议事之人，有定章之权，而无办理之权；行事之人，有办理之权，而无定章之权……是故有一弊之当革，无不知也。有一利之当兴，无不闻也。[①]

梁启超看到了西方议会制度的优势，也目睹了晚清政府机构的臃肿无能，他希望在官与民之间找到某种"通情"的渠道，于是他想到了用绅士来代替议员。按照梁启超的设想，绅士有议事权及监督权，有司与官则掌握执事权。这是梁启超对西方议会制度的简单模仿，即将议事权与行事权分开。

所谓"开绅智"，即将绅士培养成议员，梁启超将这样的任务寄托于学会。梁启超认为，虽然绅士可以通上下之情，但其办事有时不如官，因为绅士"情伪尚不如官之周知"。因此，梁启超主张"欲用绅士，必先教绅士"。这样，梁启超的学会就具备西方议会的特征了。

梁启超设想以绅士代替议员，通过开绅智使绅士具备了议员的功能，可以议事、可以监督。然而，办事者终究还是官员，官员素质低下仍然于事无补。

因此，梁启超寄希望于开官智，希望通过提高官员的觉悟、增加官员的知识来改良体制，以达到其变法的目的。

[①] 梁启超：《论湖南应办之事》，《梁启超全集》第一册，张品兴主编，北京出版社1999年版，第178页。

总之，梁启超的兴民权是在其学习西方议会制度的基础上提出来的，无论是开民智、开绅智还是开官智，都是为其模仿西方议会制度服务的。梁启超试图通过开绅智使绅士变成议员，而通过开民智和开官智，使作为议员的绅士能够很好地活动于民和官之间。

2. 文化层面的主张

梁启超在文化方面提出诸多主张，大致来说包括以下几个方面：一是变科举；二是兴学校；三是建学会。

梁启超认为，晚清科举制度有着诸多的弊端：一是科举内容空疏无用；二是录取比例不合理造成人才流失；三是科举制度使新式人才无用武之地。因此，梁启超强烈主张废除科举制度。他说：

> 故欲兴学校、养人才以强中国，惟变科举为第一义，大变则大效，小变则小效。①

鸦片战争以来，随着西方科学的传入，晚清的有识之士越来越意识到科举考试空疏无用，梁启超对此也深有感触。

梁启超指出，大多数参加科举考试的人才得不到施展才华的机会。科举制度取士比例太小使大多数人得不到施展才华的机会，而这大多数人中间肯定会有漏掉的"伊、吕、管乐之才"。与此同时，在这少数的被选中的人才中，也难免有滥竽充数者。梁启超的疑虑是有道理的，因为在录取人数太少而考试人数太多的情况之下，有时运气比实力更重要。用梁启超的话讲，科举考试就如同"探筹"，即抽签。在抽签这种情况下，"伊、吕、管乐之才"固然能够被选中，但"曲士陋儒"也能凭运气而得之。梁启超认为，只要肯努力，"中人"也可成为"上材"，应该给"中人"提供机会。与此同时，因为科举考试录取比例太低，大多数参加科举的年轻人最后不得不以失败告终，这使他们身体衰弱、意志消沉。

---

① 梁启超：《论科举》，《梁启超全集》第一册，张品兴主编，北京出版社1999年版，第24页。

因为科举制度的存在,许多有着西学背景的人才无用武之地。洋务运动时期,晚清政府曾经派出许多学生去国外学习,这些人回国之后大多掌握了一定的技能,对以西方自然科学为主的西学有一定的了解。但是,由于科举制度的存在,使这些人大多没有施展才华的机会,梁启超对此深感痛惜。梁启超认为,俄国彼得大帝曾经亲自游历各国,并带着俄国的年轻人去葡萄牙、法国学习,回国重用这些年轻人,日本维新运动之时也派其精英出国学习,回国之后委以重任,这才有今天(晚清时期)俄国和日本的崛起。而晚清政府花了很大的力气,培养了新式人才,却弃而不用。这些留洋的学生千辛万苦在国外求学,回国之后没有用武之地,这会大大地打击出国留学的积极性。

梁启超深刻认识到了科举制度的弊端,强烈要求改革科举制度,为此他提出了上、中、下三策。

关于上策,梁启超称其为"合科举于学校"①,即学校既培养人才,又选拔人才。按照梁启超的设想,从京师到省州府县分别设立大学、小学,招收学生并教而用之。入小学者类似于传统科举制下的诸生,入大学者类似于传统科举制下的举人,大学毕业者类似于传统科举制度下的进士,大学毕业优秀者可出洋学习,类似于传统科举制度下的庶吉士。大学毕业者不出洋学习者可入职户部、刑部、工部、商部,庶吉士学而归国者也可入职朝廷其他部门。

关于中策,梁启超称其为"多设诸科"②,即在原科举制度所设考察科目的基础上增加新的考察科目。这些新增加的科目包括:明经、明算、明字、明法、绝域、通礼、技艺、学究、明医、兵法等。所谓明经,即能熟读儒家经典,并能将其内容应用到现实中。所谓明算,即能通晓中西数学。所谓明字,即能通晓中外语言文字并能互相翻译。所谓明法,即能通晓中外法律。所谓绝域,即能通晓各国条约章程。所谓通礼,即能熟读《皇朝三通》《大清会典》《大清通礼》

---

① 梁启超:《论科举》,《梁启超全集》第一册,张品兴主编,北京出版社1999年版,第25页。

② 梁启超:《论科举》,《梁启超全集》第一册,张品兴主编,北京出版社1999年版,第25页。

并熟悉历代掌故。所谓技艺,即能熟悉各种自然科学技术。所谓学究,即擅长儿童教育。所谓明医,即能够通晓中西医学。所谓兵法,即能够掌握作战所需各种技能。显然,梁启超在科举原考察内容的基础上增加诸多与西方科学相关的内容。明算是对西方数学的重视,技艺是对西方科技的重视,明医是对西方医学的重视。此外,明字强调对各国语言的学习,明法强调对各国法律的学习,绝域强调对各国条约章程的学习,这些科目对于了解世界形势,都有积极的作用。

关于下策,梁启超称其为"略变其取士之具"[①]。具体而言,于童试中考察经古,即"必试以中外政治得失,时务要事,算法、格致等艺学"。于乡试、会试中考察三场,第一场考察四书、五经及试帖,第二场考察中外历史并着重考察历代治乱之由,第三场考察天、算、地、舆、声、光、化、电、农、矿等西方科学。显然,梁启超的改革方案,是在原有考察内容的基础上增加了以西方自然科学为主的西学。

在梁启超的文化主张中,除了废科举之外,还有一项重要举措,即兴学校。晚清政府统治下的中国处处被动的局面,使梁启超意识到兴学校的迫切性。

梁启超认为,清政府长期的愚民政策,使中国读书人甚少。在梁启超看来,通常所说的士、农、工、商、兵五类中,"士"不过是表示人有知识而已。因此,一个国家应该只有四类人:农业之士、工业之士、商业之士以及兵学之士。然而,晚清统治下的中国,这四类人形同虚设。因为,读书只是士的事,农、工、商、兵是不读书的,这使晚清政府统治下的中国读书人甚少。就读书的士人而言,大多沉溺于考据之中,对于农业、工业、商业、国防一无所知,这是清政府长期愚民的结果,在强大的外敌面前处处被动也是必然的。

在这为数不多的读书人中间,懂西学的人少之又少。晚清政府统治下的中国在与西方列强斗争的过程中处处被动,许多人提出仿效西

---

① 梁启超:《论科举》,《梁启超全集》第一册,张品兴主编,北京出版社1999年版,第25页。

法。梁启超指出，仿效西法是对的，但关键问题是缺乏懂西学的人才。

梁启超指出，今天（晚清时期）谈治国者，都讲学习西方的制度，这是没有问题的。可是，没有相关人才是行不通的。今天与我国建立外交关系的有十六个国家，依照西方人的惯例每个国家都应该派一个大使，可是举国上下能担任大使之职的有几个人？欧美各国、澳洲、日本、印度、越南以及南洋诸岛国，中国侨民甚多，可是举国上下能担任领事之职的有几个人？各种教案、商务纠纷频发，可是举国上下通达夷情、明了公法，能够处理洋务的有几个人？西方各国常养兵数十万，战事一起即刻可增至百万，可是举国上下，能够熟悉地图、通晓作战的士兵有几个人？能够熟悉兵法、统领大众、遇敌不慌，可以做统帅的，举国上下又有几个人？中国要想整顿海军以与日本相敌，至少需要兵船一百四十艘，可是熟悉海战者，举国上下有几个人？久经历练、熟悉海面，能够担任船主、大副、二副之职者，举国上下有几个人？陆军、海军皆需要军医，可是熟悉医理能够担任军医者，举国上下有几个人？修造铁路，需要上等工匠多人，可是熟悉机器、工程学，能够担任工程师的，举国上下有几个人？中国矿产丰富，可是熟悉矿学能够率众开采矿产的，举国上下有几个人？各省都设商务局以保自己的商业利益，可是明了商理，能够担任商董者，举国上下有几个人？能够制造各种机器、器械国家才能致强，能够制造各种货物国家才能致富，可是举国上下懂制造之术的有几个人？

梁启超认为，中国不仅懂西学的人少，就是中国传统的孔子之学，受教之人也越来越少。梁启超认为，孔子学说历经数千年，受教之人号称四百兆。然而，妇女不读书，人数减半；农、工、商、兵不读书，人数又减去十之八九。余下的少数读四书五经者，其用心不过是为了应付科举，并无真才实学。

基于上述认识，梁启超认为兴学校势在必行。为了使新式学校真正地在中国兴起，梁启超又进一步提出了三个策略：一是立师范；二是重女学；三是重幼学。

为什么要先立师范呢？首先，传统师资队伍素质太差。梁启超指出,今天(晚清时期)各府州县之学官,"六艺未卒业,四史未上口,五洲之勿知,八星之勿辨者,殆十而八九也"。① 其次,晚清时期虽然出现了不少新式学校,如同文馆、水师学堂等,并聘请西方人为师传授西方科学,但弊端很多。梁启超概括了以下几点:一是西人言语不通;二是西人不懂中学;三是西人费用太高。这使这些新式学校虽然投入了诸多财力物力,可是却收效甚微。最后,立师范是兴学校的基本前提。梁启超认为,兴学校首先要有合格的教师,因此要先立师范培养教师,然后才能兴学校。

如何立师范呢？梁启超提出了六条：

一须通习六经大义,二须讲求历朝掌故,三须通达文字源流,四须周知列国情状,五须分学格致专门,六须仞习诸国言语。②

大致来说,前三科还是属于传统儒学的范畴,第四科属于世界地理,第五科属于西方科学,第六科乃外语。梁启超的这种课程安排,是在原有传统儒学教育的基础之上引进了西方科学,体现了其对西方科学的重视。

梁启超认为,中国妇女不学习是一大耻辱,甚至说"推极天下积弱之本,则必自妇人不学始"③。梁启超认为,妇女不学习有诸多弊端。首先,妇女不学习使无业之人增多。其次,妇女不学习,使其终身依赖男人,精神不得独立,这对妇女是一种压迫。最后,妇女不学习,使孩子得不到良好的教育。孩子出生之后,首先由母亲带大,母亲的素质会直接影响孩子的成长。梁启超认为,男女并无优劣之别,

---

① 梁启超:《论师范》,《梁启超全集》第一册,张品兴主编,北京出版社1999年版,第29页。
② 梁启超:《论师范》,《梁启超全集》第一册,张品兴主编,北京出版社1999年版,第30页。
③ 梁启超:《论女学》,《梁启超全集》第一册,张品兴主编,北京出版社1999年版,第30页。

男女于学术上各有所长，妇女不如男人这个观点是靠不住的。梁启超强调，西方强盛之国，都十分重视女学，而落后之国如印度、土耳其、波斯等都不重视女学，所以落后。因此，中国应当重视女学、兴盛女学。至于如何兴女学？梁启超认为，晚清时期中国的妇女整日居于家中，足不出户、很少见人，而且又有缠足的陋习使妇女见识浅薄、孤陋寡闻。所以，今天（晚清时期）兴女学并非让妇女晨夕伏案、整日苦学，而是让其走出闺房、增长见识。

梁启超十分重视幼儿教育，认为晚清社会的幼儿教育存在诸多弊端。从教学策略上讲，晚清的幼儿教育存在很大的问题。古人教书，由浅入深，先易后难，才容易被接受。但晚清的幼儿教育则完全与之相反，字尚未认全就学习六经。入私塾还不及一月，就背诵《大学》《中庸》。事实上，《大学》之"明明德"、《中庸》之"中庸"之德是什么意思，历代儒家都没有给出统一的答案。从教学内容上讲，晚清的幼儿教育也存在很大的问题。西方人教的是如何为农、为工、为商、为兵等实用的内容。而中国幼儿学的是八股、试帖等无用空疏之学。

基于这样的认识，梁启超提出自己的兴幼学主张。首先，是编写适合幼儿启蒙学习的丛书，包括识字书、文法书、歌诀书、问答书、说部书、门径书以及名物书等；其次，幼儿教育要有课程表且每日按时学习；最后，提倡晚婚，早婚不利于学习。古人有十五岁就结婚的，梁启超认为，十五岁到三十岁正是学习的最好时期，此时结婚有诸多不利。

除了兴学校、变科举之外，梁启超还提出兴学会的主张。梁启超认为，面对晚清的乱局，稍有常识的人都知道应该开矿产、修铁路、兴商务、强海军。但是，谁来做这些事情呢？凭那些八股之士是不行的。即便有同文馆、水师学堂等新式学校培养的人才，但数量太少根本不够用。梁启超认为，西方国家之所以人才充足是因为西方有许多学会。梁启超指出，西方国家"有一学必有一会"①，入会之人上自王公下至平民可达数百万人。学会中有相关书籍可翻阅，有相关仪器可用于试验，有相关报纸可以随时了解最新研究成果，有师友讲习讨论可以随时解决疑难问题。这使西方国家的学术能够精益求精，新的发明发现不断涌现，人才日益增多，国家能够富强。

梁启超认为，中国讲新法三十年而无成果，主要原因是人才匮乏，而建学会是补充人才的重要手段。因此，梁启超主张在变科举、兴学校的基础上大建学会，只要大建学会则"一年而豪杰集，三年而诸学备，九年而风气成"②。梁启超进一步指出，要兴农业，则建农学会，相关人才不可胜用；要兴矿学，则建矿学会，相关人才不可胜用；要兴工艺，则建工艺学会，相关人才不可胜用；要兴商务，则建商务学会，相关人才不可胜用；要求大使之才，则建法学会，相关人才不可胜用；要兴军事，则建兵学会，相关人才不可胜用；要兴制造业，则建天、算、声、光、化、电等学会，相关人才不可胜用。

二 梁启超维新变法的理论依据

维新变法在实施过程中，遇到了来自顽固派势力的百般阻挠，这种阻挠既有来自现实层面的，也有来自理论层面的。为此，梁启超也做出了理论上的回应，是为维新变法的理论依据。这种理论依据体现在梁启超对三个观念的阐释：一是变易观念；二是夷夏观念；三是进化观念。

1. 变易观念

面对晚清数千年未有之变局，维新派要求全面变革，顽固派在阶级利益的驱使下要求固守祖宗之法，变法与不变法成了维新派与顽固派争论的根本问题。随着争论的逐渐深入，这个问题逐渐"形上学"化，变法与不变法的具体问题就成了一个"形上学"问题，即万事万物是变化的还是静止的。如果万物是变化的，那么变法就是理所当然

---

① 梁启超：《论学会》，《梁启超全集》第一册，张品兴主编，北京出版社1999年版，第27页。

② 梁启超：《论学会》，《梁启超全集》第一册，张品兴主编，北京出版社1999年版，第28页。

的；如果万物是静止不动的，则变法就是违背天意的行为。维新派主张万物是不断变化的，这就是其变易观念。

在《变法通议》卷首，梁启超自作序言，强调变易观念。梁启超注意到，每天有昼夜变化、每年有寒暑变化、地球与人也是在细微的变化中逐渐进化而成。因此，梁启超得出结论：世间万物没有一物不是随时变化的。梁启超还试图通过对儒家经典的解释来强调其变易观念。《诗经》中有："周虽旧邦，其命维新。"梁启超将其解释为治旧国当用新法。

《周易·系辞下》中有："易穷则变，变则通，通则久。"意思是"易道穷尽则变化，变化则（又重新）通达，能通达才可以长久"[①]。按照刘大钧教授、林忠军教授的观点，这里面的穷、变、通、久讲的是"易道"的变化，而非现实的物质世界。尽管其主体是"易道"，但这里面有强调变化的一面。因此，维新派都喜欢将其作为变法的理论依据。梁启超也引用这句话作为其理论依据，但他将"易"字删去，而成为"穷则变，变则通，通则久"。去掉"易"字，解释范围则由抽象的"易道"变为具体的世间万物。事实上，《周易》讲的"易道"是一个外延极广的概念，"易道"包括"天道""地道""人道"，即天、地、人三者的运行规律。梁启超试图用其解释社会制度变迁的必然性，显然是为其维新变法服务的。

梁启超还举了朝代"中兴"的例子来说明变法的必然性。他说历代开朝皇帝夺取政权之后创立法制，其子孙在延续其政权之时必然有所改变。如果子孙守着祖宗之法一成不变，必然会导致政权崩塌。而所谓的"中兴"的皇帝，就是能够看到改革的方向。在《变法通议》自序中，梁启超强调天地万物无不在变化之中，古今社会制度无不在变化之中，某姓王朝制度亦无不在变化之中，"故夫变者，古今之公理也"[②]。梁启超借此反驳那些持不变之说的守旧派，他说：

[①] 刘大钧、林忠军注译：《周易传文白话解》，齐鲁书社1993年版，第129页。
[②] 梁启超：《〈变法通议〉自序》，《梁启超全集》第一册，张品兴主编，北京出版社1999年版，第10页。

为不变之说者，动曰守古守古，庸讵知自太古、上古、中古、近古以至今日，固已不知万变千变。①

梁启超将变易观念上升到"形上学"高度，就是为了论证维新变法的合理性，为维新变法提供理论依据。

变易观念还有另外一种哲学表达，即动静，变则意味着动，不变则意味着静。如果世界万物的存在方式是运动的，那么变就是必然的；如果世界万物的存在方式是静止的，那么不变就是合理的。维新变法期间，梁启超作《说动》一文，批判老子守静之说，提出万物永动之理，从另一个方面论证了变易观念的合理性。

与动相对的是静，梁启超主张世界万物的运动变化，对于守静之说自然是深恶痛绝。他说："痛乎！有老氏者出，言静而戒动，言柔而戒刚。"② 梁启超认为，老子守静之说使中国人长期处于消极的精神状态，使中国人都成为"不痛不痒顽钝无耻者也"。

梁启超对老子守静之说的批判，还在于其对于中国人思想的束缚，使中国人安于现状，不思变革，进而严重阻碍了维新变法的推行。梁启超举世界各国的例子，凡是独裁、专制统治严重的国家，其反抗的力量也强。梁启超指出，罗马教皇滥用其权，所以有路德；法国国王酷虐其民，所以有拿破仑；英国人在殖民统治美国期间大肆敛财，所以有华盛顿。只要君权无限扩张，就有人争取民权，这在其他国家似乎是惯例，而唯独在中国不是如此。

在梁启超看来，中国人对于君权、民权完全不放在心上，根本原因在于老子柔静无为之毒已经深入人心。

梁启超还通过对宇宙天体结构的分析指出世界万物运动变化的必然性。在《说动》一文中，梁启超给出一个宇宙模型。在这个宇宙模型中，梁启超肯定了小到声、光、热、电大到宇宙天体的运动变化，

---

① 梁启超：《〈变法通议〉自序》，《梁启超全集》第一册，张品兴主编，北京出版社1999年版，第10页。

② 梁启超：《说动》，《梁启超全集》第一册，张品兴主编，北京出版社1999年版，第175页。

进而指出世界万物均处在不断的运动变化之中。梁启超认为，声、光、电、热、风、云、霜、雪、雨、露等自然因素互相"摩激鼓宕而成地球"；地球与金星、木星、水星、火星、土星以及其他行星共同绕太阳运动而成世界；太阳统摄世界之诸星共同绕昴星运动而成大千世界；昴星统摄大千世界之诸星绕其他星球运动而成世界海。显然，从声、光、电、热、风、云、霜、雪、雨、露到地球，从地球到世界，从世界到大千世界，从大千世界到世界海，梁启超描述的是一个不断运动变化的世界。梁启超认为，这样一个不断运动变化的世界之所以能够存在，是因为万物皆有"动力"。他说：

假使太空中无此动力，则世界海毁，而吾所处八行星绕日之世界不知隳坏几千万年矣。由此言之，则无物无动力，无动力不本于百千万亿恒河沙数世界之公理。①

梁启超通过对地球万物以及宇宙天体存在状态的描述，得出世界万物无不处在运动变化之中的结论，认为这是"世界之公理"。这就从"形上学"的层面论证了运动变化的必然性，也成就了其变易观念。进而，维新变法就具有了理论上的合理性。

2. 夷夏观念

梁启超为其变法主张论证合理性的还有另外一个重要观念，即夷夏观念。

夷夏观念自古有之。大致来说，传统的夷夏观念强调华夏的优越性，主张坚守夷夏之防。晚清时期，随着西方列强的侵入，"夷""夏"被赋予了新的内涵，夷夏观念也重新进入儒家士人的视野。顽固派借夷夏之防来反对洋务、反对变法，革命派借夷夏观念来加强民族凝聚力，不同的派别对夷夏观念有不同的解释。作为维新派的代表人物，梁启超在这个问题上也提出了自己的主张。

---

① 梁启超：《说动》，《梁启超全集》第一册，张品兴主编，北京出版社1999年版，第175页。

梁启超说：

> 孔子之作《春秋》，治天下也，非治一国也，治万世也，非治一时也。故首张三世之义，所传闻世，治尚粗略，则内其国而外诸夏；所闻世，治进升平，则内诸夏而外夷狄；所见世，治致太平，则天下远近大小若一，夷狄进至于爵，故曰有教无类。①

所谓"内其国"，即春秋之义仅限于一国（齐、鲁）知之。梁启超说：

> 窃尝论之，孔子之道，秦以前所传闻世也。齐鲁儒者，讲诵六艺，成为风气。外此则寥寥数子而已，所谓内其国也。②

所谓"外诸夏"，即春秋之义仅限于华夏一族知之。梁启超说：

> 自汉至今所闻世也，中国一统，同种族者，皆宗法焉，所谓内诸夏也。③

梁启超的意思是，孔子的春秋之义不是为一国一时而作，而是为天下而作，为万世而作。从地域上讲，春秋之义不限于鲁国，也不限于华夏民族，而是为所有人类；从时间上讲，不限于传闻世，也不限于所闻世，而是为万世立论。梁启超基于其三世说指出，传闻世时，因为"治尚粗略"，所以春秋之义仅限于齐鲁之国知道，华夏民族其他地方尚不知之；所闻世时，因为"治进升平"，所以春秋之义仅限

---

① 梁启超：《〈春秋中国夷狄辨〉序》，《梁启超全集》第一册，张品兴主编，北京出版社 1999 年版，第 124 页。
② 梁启超：《〈春秋中国夷狄辨〉序》，《梁启超全集》第一册，张品兴主编，北京出版社 1999 年版，第 124 页。
③ 梁启超：《〈春秋中国夷狄辨〉序》，《梁启超全集》第一册，张品兴主编，北京出版社 1999 年版，第 124 页。

于华夏民族知道，夷狄之族尚不知之；到了所见世，因为"治致太平"，所以春秋之义不分华夏、夷狄均有教无类。

梁启超进一步指出，春秋并无攘夷之说。首先，随着历史的推进，春秋之义的影响逐渐增大，起初只能影响到齐鲁国之人，后来会影响到华夏民族，再后来会影响到包括华夏、夷狄在内的全人类。因此，"有用夏以变夷者矣，未闻其攘绝而弃之也。"其次，"内华夏而外夷狄"并非攘夷之义。如果"内华夏而外夷狄"是攘夷之义，那么"内其国而外诸夏"岂不成了攘诸夏了吗？最后，春秋所说的"夷狄"与后世所说的"夷狄"含义不同。后世所说的"夷狄"指的是其地域与其种族，而春秋所说的夷狄指的是其行为。

在梁启超看来，后世所说的夷狄仅仅是从地域和民族上讲的，而春秋讲的夷狄则是从行为上讲的，行为仁义则为中国，反之则为夷狄。因此，即使春秋有"攘夷"之说，其所攘之夷也不是后世所说的夷狄。更何况，春秋并无攘夷之义。

谁为夷狄谁为华夏？这也是晚清儒家士人讨论的一个重要问题。顽固派主张以地域和民族划分，不属于晚清帝国版图的都属于夷狄，不属于华夏民族的（甚至满族）都是夷狄。基于这样的划分，顽固派依据春秋"攘夷"之说提出闭关绝市的主张。这些思想及主张严重阻碍了维新变法的推进，夷夏之别成了维新儒学不得不解决的一个理论问题。

梁启超指出，春秋之夷狄与中国本无定名。梁启超认为，晋国、郑国、邾国、卫国、鲁国都是春秋时期的大国，尤其是鲁国，更是《春秋》表彰之国，为何被称为夷狄呢？在梁启超看来，晋国、楚国之所以被称为夷狄是因为其有夷狄之行。春秋所讲的夷狄与中国，不是地域上的夷狄与中国。只要有夷狄之行为，虽然其在地域上属于中国，其也是夷狄；只要没有夷狄的行为，虽然其在地域上属于夷狄，其也是中国。"攘夷"的真正含义是讨伐那些有夷狄之行为的国家，姑且称其为夷狄而称自己为中国，并非实有其名。

那么，什么是夷狄之行呢？梁启超说：

何谓夷狄之行？春秋之治天下也，天下为公，选贤与能，禁攻寝兵，勤政爱民，劝商惠工，土地辟，田野治，学校昌，人伦明，道路修，废疾养，盗贼息，由乎此者，谓之中国。反乎此者，谓之夷狄。①

显然，梁启超所说的中国即一个政治清明、和平安宁、国富民强的状态，其所说的夷狄则与之相反。进一步说，所谓夷狄之行，即扰乱政治、发起战争、破坏国家的行为。

在《论中国宜讲求法律之学》一文中，梁启超提出了另外一条区分夷狄和华夏的标准，即有无法律。梁启超说："《春秋》之记号也，有礼义者谓之中国，无礼义者谓之夷狄。"② 在这里，梁启超将区分夷狄与中国的标准定为"礼义"。那么，什么是"礼义"呢？

在梁启超看来，所谓礼义，即公理和权限。一个国家有法律，国民讲公理和权限，即为中国，否则即为夷狄。晚清政府统治下的中国，不讲公理不讲权限，无论其城池多坚固粮草多充足，与西方国家相比也是猛虎遇见猎人。因此，中国的当务之急是发明法律之学以自存。

顽固派坚持认为华夏民族具有优越性，不应该向夷狄学习，更不应该拿夷狄的文化来改革中国。梁启超引用孔子的话说："天子失官，学在四夷。"又说："《春秋》之例，夷狄进至中国则夷狄之，古之圣人未尝以学于人为惭德也。"③ 梁启超主张取消夷夏之别，虚心向夷狄学习。梁启超认为，社会制度是天下公器，并无夷狄和中国之分。基于这样的认识，梁启超认为应当取消夷夏之别，虚心向其学习。

总之，梁启超一改之前坚守夷夏之防并强调华夏民族优越性的观

---

① 梁启超：《〈春秋中国夷狄辨〉序》，《梁启超全集》第一册，张品兴主编，北京出版社1999年版，第124页。

② 梁启超：《论中国宜讲求法律之学》，《梁启超全集》第一册，张品兴主编，北京出版社1999年版，第60页。

③ 梁启超：《论不变法之害》，《梁启超全集》第一册，张品兴主编，北京出版社1999年版，第13页。

点，提出了三个观点：一是《春秋》无攘夷之义；二是夷狄与华夏的区别不在地域和民族而在于国家的行为及制度；三是主张取消夷夏之别并虚心向其学习。这些观点一方面有力地驳斥了顽固派，另一方面也为维新变法的推进提供了理论依据。

3. 进化观念

在维新变法的过程中，一些顽固派动辄言"复古""三代"，这对维新变法是一个巨大的理论障碍。为扫清这个障碍，维新派讲进化观念，指出历史是向前发展的。出于维新变法的理论诉求，维新派在结合《春秋》三世说和西方进化论的基础上提出了进化观念，有力地回击了法必言三代的历史倒退论，也为维新变法提供了理论依据。就梁启超而言，其进化观念主要体现在其对《春秋》文本的理解中。

梁启超认为，《春秋》有三种：一是"未修之《春秋》"；二是"记号之《春秋》"；三是"口说之《春秋》"。

在梁启超看来，在孔子修改《春秋》之前已经有《春秋》存在。今本《春秋》第一句为"元年春王正月"，梁启超根据何注"变一为元，元者气也"推断原文之"元年"必为"一年"，又根据传注"曷为先言王？"及"公何以不言即位？"推断原文必无"王"字且有"公即位"。于是，梁启超推断，《春秋》原文第一句当为"一年春正月公即位"。所谓"记号之《春秋》"，即流传本《春秋》。所谓"口说之《春秋》"，即独立于文本之外的《春秋》之义。梁启超认为，孟子所尊奉的《春秋》即口说之《春秋》，汉人所引的《春秋》皆口说之《春秋》，而且《春秋》真正的精义在口说而不在文本。

梁启超认为，读《春秋》当先"辨明义与事之界"，因为《春秋》是明义之书而非记事之书。梁启超将《春秋》分为三种，孔子之前的《春秋》是"未修之《春秋》"，这部春秋已经失传；孔子修订过的《春秋》是"记号之《春秋》"，这部《春秋》即今本《春秋》，但这部《春秋》不仅仅是事与文，而且还有义；真正的《春秋》是"口传之《春秋》"，这才是《春秋》大义最直接的表达。梁启超认为，孔子在作《春秋》时，将事实与文章写入了"记号之《春秋》"，而将《春秋》之义口传给了其弟子，是为"口说之《春秋》"。孔子为什么不将口说之《春秋》之义一并写入其所修订的《春秋》文本中呢？梁启超说："孔子作《春秋》，于当时王公大人有所褒讥贬损，不可书见，乃口授弟子。"[①] 由于孔子对当时的权贵阶层有所批评所以不便于以书面形式出现，所以孔子只留事实与文章在"记号之《春秋》"中，而其真正的《春秋》大义则以口授的形式传给其弟子。因此，就《春秋》一书而言，当辨明义与事实，《春秋》看似记事之书，实为明义之书。

《春秋》将十二公分为三类：传闻世、所闻世、所见世。传闻世又叫据乱世，包括隐、桓、庄、闵、僖诸公；所闻世又叫升平世，包括文、宣、成、襄诸公；所见世又叫太平世，包括昭、定、哀诸公。梁启超认为，《春秋》非记事之书，而是明义之书。这样的记载重点不在十二公之事实而在三世进化之义，即从据乱世到升平世再到太平世的不断进化，这是不可改变的。在梁启超看来，《春秋》三世之义的核心在于告诉后人，只要能够按照《春秋》之制度行事，则国家必然能够从据乱世到升平世再到太平世。与此同时，梁启超强调所谓的据乱世、升平世、太平世是从治理效果上讲的，是想通过这样的区分表达时代的进步，不可拘泥。

前文已述，三世是从效果上说的，只是一个名称。至于据乱世、升平世、太平世具体指什么，每个思想家都有不同的安排。梁启超承认三世进化说，同时也对三世的具体特征作了自己的规定。

梁启超站在古今中外全人类的立场，对《春秋》三世进化说作了自己的安排，提出"三世六别"说。三世包括：据乱世即多君为政之世；升平世即一君为政之世；太平世即民为政之世。所谓六别，即每世又包括两种情况。多君为政之世包括酋长之世、封建及世卿之世；一君为政之世包括君主之世、君民共主之世；民为政之世包括有总统之世和无总统之世。梁启超认为，自从地球有人类以来，人类社会就按照"三世六别"之理在进化。

---

① 梁启超：《读〈春秋〉界说》，《梁启超全集》第一册，张品兴主编，北京出版社1999年版，第155页。

梁启超根据《春秋》三世进化之义提出"三世六别"说，认为人类社会一直按照这个模式向前发展。人类社会会从多君之世进化到一君之世，再从一君之世进化到民为政之世。只要进化到一君之世，就不会退回到多君之世；只要进化到民为政之世，就不会退回到一君之世。

在梁启超看来，进化有某种必然性，只能由低级向高级发展，不可能倒退。基于这样的设想，尚处于一君之世的中国必然能够进化到民政之世。

晚清之时有一种观点，认为西方之所以有民主是因为西方有民主的传统，而这种传统中国没有，所以中国很难走向民主。对此，梁启超强烈反对。在梁启超看来，民主的出现是不需要有某种起点的，他是社会进化的必然结果。人类必将走向太平之世，中国也必将进入太平之世，这是谁都无法阻挡的。他说：

> 盖地球之运，将入太平，固非泰西之所得专，亦非震旦之所得避。吾知不及百年，将举五洲而悉惟民之从，而吾中国，亦未必能独立而不变。①

显然，按照梁启超的观点，人类社会必然由据乱世走向升平世再走向太平世，中国也必然由一君之世走向民政之世。梁启超的进化观念，有力地驳斥了顽固派的守旧之说，为维新变法提供了理论依据。

第三节 西方科学对梁启超维新儒学的影响

一 西方科学对梁启超变法主张的影响

梁启超在政治层面和文化层面提出了诸多主张，如兴民权、开民

---

① 梁启超：《论君政民政相嬗之理》，《梁启超全集》第一册，张品兴主编，北京出版社1999年版，第97页。

智、开绅智、开官智、变科举、兴学校、建学会等，这些主张的提出均与西方科学有着密切的联系。

1. 西方科学与梁启超的政治主张

在政治层面，梁启超试图模仿西方的议会制度，大兴民权。为了充分实现其兴民权的主张，梁启超指出要开民智、开绅智、开官智。而在开民智、开绅智、开官智中，都天然地包含着其引进西方科学的诉求。

前文已述，梁启超认为要开民智需要两个条件：一是"全省书院官课、师课改课时务"；二是"学堂广设外课"。

梁启超所说的"时务"，即当下所应办的大事，进一步讲即能解决实际问题的学问。梁启超在《湖南时务学堂学约》中强调了十件事，可以说是梁启超所说的"时务"的精准概括。具体包括：立志、养心、治身、读书、穷理、学文、乐群、摄生、经世、传教。所谓立志，即下定求学的决定；所谓养心，即通过静坐等方式收敛身心，使求学之志向更加坚定；所谓治身，即规范自己的言行使其符合儒家礼法；所谓读书，即在中学书籍的基础上大量阅读西书；所谓穷理，即学习西方格致之理；所谓学文，即学习写文章；所谓乐群，即群体成员互相交流学问心得；所谓摄生，即合理作息；所谓经世，即学习治天下之理；所谓传教，即传孔子之学。在上述时务"十事"中，读书、穷理两项与西方科学有着密切的关系。

在梁启超看来，晚清时期的儒家仕人虽然读书很多，但是所读之书不切时务。在晚清那样的时局之下，不读西书则不能很好地领会儒家之书。因此，梁启超认为，不仅要读经学、子学、史学书籍，还要读西学书籍。梁启超所说的西学书籍包括声、光、化、电等西方科学书籍。可见，在梁启超所说的时务中，西方自然科学是其时务的重要组成部分。

关于穷理，梁启超认为牛顿看到苹果落地可以悟出万有引力定律，西方人的一切科学创造皆起于很粗浅的道理。朱熹所讲的格物致知之理，通过已知之理推出未知之理，本来与西方人的科学推理有一定的相似性，可惜宋儒将注意力集中于"德性"，离实用尚有距离。

因此，梁启超强调学习西方人的科学精神。他说：

> 穷理之功课，每刚日诸生在堂上读书，功课毕，由教习随举目前事理，或西书格致浅理数条以问之，使精思以对，对既遍，教习乃将所以然之理揭示之。①

显然，梁启超所说的"穷理"，即学习西方科学的精神，善于观察，从日常生活的细节中发现自然规律。

梁启超所说的"外课"，即区别于传统学术的西学。在梁启超看来，书院虽然讲习多年，但其所培养的人才却寥寥无几。原因就在于不能增长见识，不明白政学之所以然。因此，梁启超建议学习"东西史志各书""内外公法各书""格致各学"等。梁启超所说的"格致各学"，即西方自然科学。

无论是"全省书院官课、师课改课时务"还是"学堂广设外课"，梁启超皆将西方科学的因素考虑在内，西方科学是其开民智的重要因素，也是其"兴民权"的政治主张中不可或缺的内在诉求。

为了实现兴民权的政治主张，梁启超还强调开绅智，所谓的开绅智即教育绅士。在梁启超的设想中，教育绅士的任务由学会完成。具体而言，先选一部分品行才识俱佳的绅士入南学会，然后对其进行教育。就教学内容而言，可分为两个层面：一是讲学；二是议事。

所谓讲学，即南学会定期举行的宣讲活动。在梁启超的设想中，南学会是培养绅士的机构，南学会的讲学内容自然也就是开绅智的教学内容。从上述宣讲的这些内容来看，其中包含大量的西方自然科学。如杨自超讲"论地球行星绕日"，邹代钧讲"论舆地经纬度之理"，黄遵宪讲"说知觉不在心而在脑"，谭嗣同讲"全体学""论新学益处及吾人当遵奉谕旨力振新学""学者不当骄人""论今日西学皆中国古学派所有"等。杨自超的"论地球行星绕日"、邹代钧的

---

① 梁启超：《湖南时务学堂学约》，《梁启超全集》第一册，张品兴主编，北京出版社1999年版，第108—109页。

"论舆地经纬度之理"、黄遵宪的"说知觉不在心而在脑",其内容均与西方科学有着密切的关系。这说明,在梁启超的设想中,向绅士传播西方科学是其开绅智的重要环节。

所谓议事,即会中绅士集体讨论新政的活动,是梁启超模仿西方议会制度而设。按照梁启超的设想,一切新政,皆交由学会讨论,先讨论其可行性,再讨论其实施方案,后讨论其筹款及用人等。通过这样的讨论,使绅士熟悉公事之条例,进而具备议员的素质。梁启超通过讲学与议事来达到开绅智的目的,就其讲学而言,包括了大量的西方科学内容;就其议事而言,不过是通过讨论时务而熟悉公事。可以说,西方科学是梁启超开绅智的重要内容之一。

梁启超认为,要兴民权,除了开民智、开绅智之外还要开官智,因为事情最终都是由官员来办的。

在梁启超看来,开官智是万事之起点,因为所有的事都要经过官员之手才能办成。如果这些官员对于基本常识,诸如地球形状、欧洲列国之名、商业、政学、修路、养兵等一无所知,则成事很难。显然,梁启超所强调的开官智,与西方科学也有着密切的联系。

总之,梁启超兴民权的政治主张是依托于开民智、开绅智、开官智而实现的,而开民智、开绅智、开官智中又天然地包含着引进西方科学的诉求。这充分说明,在梁启超的政治主张的提出过程中,西方科学是发挥了作用的。

2. 西方科学与梁启超的文化主张

梁启超在文化层面提出了三项主张:一是变科举;二是兴学校;三是建学会。在这三项主张中,均与西方科学有着密切的关系。

梁启超变科举的主张,是在西方自然科学的影响下提出来的。这主要体现在:一方面,西方科学激发了梁启超变科举的动机;另一方面,梁启超变科举的具体策略中包含着引进西方科学的诉求。

在《论变法不知本原之害》一文中,梁启超对晚清统治下的中国处处被动的局面作了深刻的概括。梁启超指出,今天(晚清时期)谈变法者,必说练兵、开矿、通商,这是没有问题的。可是,将帅没有受过军事学校的训练,能带兵吗?选兵不用医生,身体素质如何不知，能否识字不知，能打仗吗？将帅俸禄极低，士兵收入没有保障，伤残、死亡之后没有抚恤，能以死效命吗？地图不识，险要不知，能克敌制胜吗？兵船器械皆仰赖他国，作战能如愿吗？海军不出海，将帅不熟悉海面，一旦大敌当前，能应付吗？在这种情况下，练兵还不如不练。没有矿务学堂，没有矿师，重金聘请西方人，能得利吗？道路不通，矿产从产地运到海口，运费高昂，能获利吗？在这种情况下，开矿还不如不开。没有商务学堂，贸易之理不明，能致富吗？工艺落后，制造粗糙，以土产售人，能得利吗？道路淤塞，运费昂贵，能广开销路吗？关卡遍地，到处盘剥，还有人愿意经商吗？领事不向国内汇报国外商务，国家不保护海外侨民，商人能自立吗？在这种情况之下，通商还不如不通。

在梁启超看来，练兵、开矿、通商是必须实行的，但这还不是根本的。科举不改，这三项是根本进行不下去的。就练兵而言，将帅没受过教育、选兵不用医生、地图学不懂、船械不会制造，无法练兵。就开矿而言，没有矿务学堂、没有开矿机器，无法开矿。就兴商务而言，没有商务学堂、制造工艺落后，无法通商。显然，要有效地推进练兵、开矿、通商这三项举措，必须先兴学校、育人才。但是，兴学校、育人才还有一个更为根本的制约因素，即科举制度。因为科举制度使许多精英人才学习八股空疏之学以求富贵。因此，梁启超主张在兴学校之前先变科举，科举不改则学校不兴。

显然，梁启超变科举的主张与自然科学有着密切的联系。就练兵而言，将帅领兵需要学习自然科学、选兵之医生需要学习自然科学、地图学需要学习自然科学、制造船械也需要学习自然科学；就开矿而言，开矿机器的制造及使用需要自然科学，制造工艺的改进需要自然科学。可以说，自然科学是振兴练兵、开矿、通商的必要条件。梁启超变科举的主张是在有感于中国自然科学落后的情况下做出的，西方科学从某种程度上激发了梁启超变科举的动机。

就如何变科举而言，梁启超提出了三项主张：一是"合科举于学校"；二是"多设诸科"；三是"略变其取士之具"。在这三项主张中，梁启超均试图在科举考察的内容中加入西方自然科学。

所谓"合科举于学校",即让学校不仅有培养人才的功能,还有类似于科举的选拔人才的功能。梁启超试图建立一个从下到上的学校体系,包括小学、大学、出洋学习。生员先入小学学习,考核优秀之后再进入大学,大学考核优秀者再出国学习。入小学学习者类似于科举体系中的诸生,入大学学习者类似于科举体系中的举人,大学毕业者相当于科举体系中的进士,出洋留学者相当于科举体系中的庶吉士。在梁启超的这套方案中,其最优秀的人才是"庶吉士",而"庶吉士"的培养要从大学中选择优秀者出洋学习。出洋学习的内容一定包括西方科学,这说明在梁启超"合科举于学校"的这样一条主张中是将西方科学考虑在内的。

所谓"多设诸科",是指在无法"合科举于学校"的情况下,多设科目与帖括一科并行。梁启超建议在原来考察科目的基础上再设明经、明算、明字、明法、绝域、通礼、技艺、学究、明医、兵法等科目,以便迅速增加人才。在这诸多科目当中,明算、技艺、明医、兵法等科目与自然科学有着密切的联系。明算即数学,技艺既包括自然科学也包括以机器制造为主的科学技术,明医即现代医学,兵学要求懂船械制造。显然,梁启超"多设诸科"的策略,只是在原来科举体制下增加包括西方自然科学在内的西学,这显然也是在西方科学的影响下做出的安排。

所谓"略变取士之具",即在原有科举之法的基础之上,改变其考察内容。梁启超试图在科举考察内容上增加算法、格致等诸多自然科学的内容,还专门设一场考试考察天、算、地、舆、声、光、化、电等自然科学。这说明,梁启超的这条主张同样是在西方科学的影响下做出的。

梁启超兴学校的主张,同样与西方科学有着密切的联系。从动机上讲,培养西方科学人才是梁启超兴学校的原因之一;从教学内容上讲,西方科学是其学校教学的重要内容之一。

前文已述,梁启超认为当前迫切需要兴学校,理由有三:一是由于长期的愚民政策使晚清政府统治下的读书人太少;二是在这少数的读书人中间,懂西学的凤毛麟角;三是在这少数的读书人中间,孔子

第四章　西方科学与梁启超维新儒学的建构

之学也学而不精。

梁启超一一列举了各类人才的匮乏，外交没有能充当大使的人才，通商没有熟悉商务的人才，处理各种国际纠纷没有通达夷情、了解公法的人才，练兵没有熟悉地图、懂军事的人才，整顿海军没有熟悉海战的人才，长期出海没有能够胜任船主的人才，强军没有能够胜任军医的人才，修铁路没有懂机器、工程学的人才，开矿没有懂矿学的人才，制造机器没有懂制造的人才，这些都使仿效西法成为一句空话。在上述人才当中，长期出海需要懂得气象学，军医需要懂医学，修铁路需要懂工程学，开矿需要懂矿学，制造机器需要懂机械学，而这些素质的具备都是建立在学习西方自然科学的基础之上的。进一步说，梁启超所强调的人才匮乏在很大程度上是指缺乏那些熟悉西方科学的人才。人才的匮乏使梁启超强烈意识到，"变法之本，在育人才；人才之兴，在开学校"[①]。可以说，缺乏掌握西方科学的人才是梁启超兴学校的重要原因之一。

在《学校总论》一文中，梁启超对其兴学校的具体主张作了设想。

梁启超试图模仿西方的学校制度提出自己兴学校的主张，因此提出总纲、分目之说。就总纲而言，其提出教、政、艺三部分。"教"即孔教之学，指儒家学说；"政"即政学，指治理天下的学问。具体而言，梁启超的"政学"包括两个方面：一是来自儒家六经诸子及历朝掌故的"中政"；二是来自西方公理公法及希腊罗马古史的"西政"。在"中政"与"西政"的关系上，梁启超以"中政"为主、以"西政"为参考。因此，梁启超的"政学"在很大程度上指的还是基于儒家学说的名教纲常；艺即艺学，指西方自然科学技术。

梁启超的教、政、艺，事实上是其学校教学内容的高度概括。教即孔子之学，政即以儒家伦理纲常为主、以西方政治学说为辅的政治学，艺即西方自然科学。在梁启超的教学纲领中，艺学是其教学的重

[①] 梁启超：《论变法不知本原之害》，《梁启超全集》第一册，张品兴主编，北京出版社1999年版，第15页。

要内容之一。梁启超将自然科学作为其教学内容之一，这说明其兴学校的主张与西方科学有着密不可分的关系。

西方自然科学对于梁启超建学会的思想同样起了重要作用。

梁启超建学会的目的是"广人才"，而其所说的人才主要指懂西方科学人才。梁启超认为，对时局稍有了解的人都知道当前需要开矿产、修铁路、兴商务、练海军。可是，这些事情靠"八股考据词章之士"是完不成的。

开矿需要懂如何开矿、分矿、炼矿等矿学知识，练军需要懂得制造枪炮弹药及制造船舰的方法，没有这些必要的自然科学知识作为基础，这些工作都是无法完成的。与此同时，自然科学的学习，还需要诸多实验器材。

自然科学的学习，需要诸多设备如天文台、望远镜等，而这些设备的购置，绝非个人之力能够完成。

基于自然科学人才以及各种实验设备的短缺，梁启超想到了建学会。梁启超注意到，西方国家"有一学即有一会"，如农学会、矿学会、工学会、天学会、地学会等。这些学会不仅聚集了大量的相关专业的人才，而且拥有由会众筹集的大量资金而购买图书、设备，这些有利条件使"学无不成，业无不精"。梁启超看到了西方国家学会的优势，所以主张在中国建学会。可以说，培养自然科学人才，是梁启超提出建学会主张的重要原因之一。

在《论学会》一文中，梁启超提出了建学会的十六条策略，其中包括采购西学图书、仪器等。他说：

> ……八曰尽购已翻西书，收入会中，以便借读；九曰择购西文各书，分门别类，以资翻译；十曰广翻地球各报，布散行省，以新耳目；十一曰精搜中外地图，悬张会堂，以备浏览；十二曰大陈各种仪器，开博物院，以助实验；十三曰编纂有用书籍，广印廉售，以启风气；十四曰严定会友功课，各执专门，以励实学；十五曰保选聪颖子弟，开立学堂，以育人才；十六曰公派学

成会友，游历中外，以资著述。①

上述措施中，对于西方科学的传播有着积极的作用。"已翻西书""西文各书""地球各报"，其内容均包括西方自然科学；学会采购的"仪器"可以用来做相关自然科学实验，博物院可以增加对自然科学的理解；"实学"即以自然科学为主的西学，强调"实学"也是对自然科学的强调；"游历中外"也可以增加自然科学的见识。显然，梁启超的学会具备传播西方科学的功能。

在梁启超的设想中，农学会可以兴农学、矿学会可以兴矿学、工艺学会可以兴工艺，各种自然科学的兴盛都可以通过学会来完成。显然，在梁启超的设想中，学会的重要用途之一就是用来传播西方科学。

二　西方科学对梁启超变法依据的影响

为了维新变法的顺利推进，维新派必须为其变法主张提供理论依据，以证明其变法的合理性。就梁启超而言，其主要提出三点：一是变易观念；二是夷夏观念；三是三世进化观念。而在梁启超这里，这三个观念均与西方科学有着密切的联系。

1. 西方科学与梁启超的变易观念

变易，即变化、变通之意，最早出自《周易》。《易·系辞上》："一阖一辟谓之变""化而裁之谓之变。"《易·系辞下》："易穷则变，变则通，通则久。"后世儒者对这个观念亦有所阐述，如张载说："变，言其著；化，言其渐。"（《易说·乾卦》）再如明清之际的王船山说："变者，阴变为阳；化者，阳化为阴。"（《张子正蒙注·大易篇》）晚清时期，维新派用其来为维新变法提供理论依据，这个抽象的观念亦被赋予了诸多具体的内容。

在《变法通议》自序中，梁启超说："法何以必变？凡在天地之

---

① 梁启超：《论学会》，《梁启超全集》第一册，张品兴主编，北京出版社1999年版，第28页。

间者，莫不变。"① 既然天地之间者皆变，那么变法就带有必然性。因此，论证变法的必然性就变成了论证天地之间万物皆变的必然性。在《变法通议》自序中，梁启超从多方面论证了天地间万物变化的必然性。例如，从自然科学的角度谈天地间万物变法的必然性，从中国古今制度变化的角度谈天地间万物变化的必然性，从王朝更替、中兴的角度谈天地间万物变化的必然性等。通过这些方面，梁启超肯定了天地间万物变化的必然性，进而得出法必须变的结论。

就自然科学的角度而言，梁启超应用了诸多生物进化知识来论证自己的观点。梁启超举了昼夜变化、寒暑变化的例子，举了地球进化的例子，举了世界进化的例子，举了人类进化的例子。这里涉及了地球的自转、公转原理，也涉及了地球进化、生物进化原理，还涉及了人的呼吸机理，即吸入氧气呼出二氧化碳。尽管梁启超对西方自然科学的了解不甚准确，但其用自然科学知识论证其变易观念，体现了西方科学对其变易观念的影响。

前文已述，梁启超的变易观念还有另外一种表达，即运动观念。戊戌政变之前，梁启超作《说动》一文，批判老子守静之说，提出万物永动之理，从另一个方面论证了变易观念的合理性。

梁启超在这里给出了一个宇宙生成模型，声、光、热、电、风、云、雨、露、霜、雪等物质因素互相"摩激鼓宕"而成地球；地球与金、水、火、木、土、天王星、海王星、无数小行星及彗星"绕日疾旋，互相吸引"而成世界；世界诸星绕昴星而行，形成天河之星圈，无数天河之星圈"互相吸引"而成大千世界；大千世界诸星又"别有所绕而疾旋"，而形成一个更大的世界，这世界里诸星"互相吸引"而形成一个世界海。梁启超认为，让这个世界井然有序的是动力，动力使所有的物质小到声、光、热、电大到地球、太阳以及星系，都保持在一个互相吸引、互相绕行的运动状态之中。因此，整个世界都处在运动之中，所谓动力，就是使世界万物保持运动状态的

---

① 梁启超：《〈变法通议〉自序》，《梁启超全集》第一册，张品兴主编，北京出版社1999年版，第10页。

力。显然，梁启超对万物运动变化的论证借用了天体物理学的知识，尽管其中有些描述不甚准确，但其利用自然科学知识来论证其变易观念这一事实是存在的。可以说，西方科学为梁启超变易观念的论证提供了有力的论据。

2. 西方科学与梁启超的夷夏观念

前文已述，梁启超在夷夏问题上提出了三个观点：一是《春秋》并无攘夷之义；二是夷狄与华夏的区别不在于地域和民族而在于国家的行为及制度，进一步说即国家的文明程度；三是法乃天下公器，并无夷夏之别。梁启超提出《春秋》无攘夷之义，实质是反对顽固派攘夷之说；重新提出夷夏之别的标准，实质是劝勉顽固派不要妄自尊大；提出法无夷夏之别，实质是鼓励向西方学习。可以说，梁启超夷夏观念的提出，最终目的还是以夷为师，向西方学习。梁启超向西方学习的内容可概括为两个方面：一是政学；二是艺学。所谓"政学"，即治理天下的学问，用今天的话讲即政治学。具体而言，梁启超的"政学"包括两个方面：一是六经诸子及西人公理公法，梁启超称其为"经"；二是历朝掌故及希腊罗马古史，梁启超称其为"纬"。所谓"艺学"，即西方自然科学。

梁启超主张向西方学习，一是学习西方公理公法及希腊罗马古史的"西政"，二是学习西方自然科学。梁启超强调二者缺一不可，并且要以"政学"为主，以"艺学"为辅。尽管梁启超在"西政"和西方自然科学之间做出了主次区分，但将西方自然科学作为向西方学习的重要内容却是事实。因此，单就向西方学习自然科学而言，其足可以作为梁启超以夷为师的重要原因之一。换言之，西方自然科学的传入，使梁启超意识到其向西方学习的必要性，而传统的夷夏观念坚守夷夏之防，因此梁启超不得不重新提出其夷夏观。可以说，西方自然科学是刺激梁启超批判传统夷夏之防，提出其夷夏观的重要原因。梁启超的夷夏观强调以夷为师，强调向西方学习。因为要向西方学习，所以梁启超提出了自己的夷夏观念。梁启超向西方学习的不仅是政治学，而且还包括自然科学。可以说，西方自然科学也是其夷夏观形成的重要原因之一。

3. 西方科学与梁启超的进化观念

前文已述，梁启超认为《春秋》乃明义之书而非记事之书，因此读《春秋》关键在于明义。那么《春秋》之义又是什么呢？梁启超认为《春秋》之义的关键在于三世进化说，即从据乱世到升平世再到太平世的不断进化，梁启超认为这种进化是必然的。梁启超的这种进化观念，与西方科学尤其是达尔文的生物进化论有着密切的关联。

就维新时期而言，梁启超对进化论的关注重点在于其对"进化"观念的强调。达尔文的生物进化论真正系统地传入中国始于严复《天演论》的问世。严复《天演论》真正出版是在 1898 年，但 1896 年梁启超就已经读过了《天演论》。

据李国俊先生考证，梁启超的《与严幼陵先生书》作于 1897 年春。① 在《与严幼陵先生书》中，梁启超谈到了《天演论》。这也说明，1897 年春之前，梁启超已经读过严复的《天演论》。石建国先生认为严复于 1896 年 11 月将《天演论》初稿寄予梁启超，梁启超 1897 年春在与严复的信中谈及《天演论》，这是符合逻辑的。

当然，梁启超读过严复的《天演论》并不能证明梁启超的三世进化说就一定受过《天演论》的影响。有且只有梁启超亲口说他的三世进化说是受了《天演论》的影响，或者梁启超用进化论的观点佐证三世进化说时，才能证明其三世进化说的确是受了生物进化论的影响。在《读〈春秋〉界说》一文中，梁启超用生物进化论的观点佐证了其三世进化说。在梁启超看来，生物进化的过程就是三世进化之理的具体表现。梁启超在这里用生物进化论来论证三世进化说这一事实表明：梁启超受了生物进化论的影响，同时也将这种生物进化论思想植入到其三世进化说当中。

---

① 李国俊：《梁启超著述系年》，复旦大学出版社 1896 年版，第 37 页。

第五章　西方科学与谭嗣同维新儒学的建构

本章主要介绍西方科学在谭嗣同维新儒学建构中的作用，进一步说，即西方科学与谭嗣同维新儒学的关系，共分三个层次完成：一是谭嗣同对西方科学的了解；二是谭嗣同的维新儒学思想；三是西方科学对谭嗣同维新儒学的影响。前文已述，维新儒学有两个基本维度：一是维新变法的基本主张；二是维新变法的理论依据。因此，谭嗣同的维新儒学分两个层次介绍：一是谭嗣同维新变法的基本主张；二是谭嗣同维新变法的理论依据。同样，西方科学对谭嗣同维新儒学的影响也从这两个维度展开：一是西方科学对谭嗣同维新变法的基本主张的影响；二是西方科学对谭嗣同维新变法的理论依据的影响。

第一节　谭嗣同对西方科学的了解

作为维新派的代表人物，谭嗣同对西方科学有着充分的了解，与同时代的儒家知识分子相比，谭嗣同在这方面显得更加突出。谭嗣同维新儒学的形成，与其丰富的西方科学知识储备有着密不可分的关系。

一　谭嗣同了解的西方科学知识

光绪十九年（1893），谭嗣同29岁。是年，谭嗣同与傅兰雅在上海相识，大量购买了当时江南制造局及广学会所译出的西方科学书籍。据杨廷福先生考证，1893年，"先生道经上海，和傅兰雅相识，并广购当时江南制造局翻译馆译出的自然科学，广学会译出的外国历史、地理、政治和耶稣教神学以及《西国近事汇编》《环游地球新录》等书读之，努力追求西学知识"①。这样的经历使谭嗣同了解了许多西方科学知识，事实也是如此，从谭嗣同的著作中可以证实这一点。

1. 谭嗣同对代数学与几何学知识的了解

谭嗣同十分重视西方代数学和几何学的学习及应用。他说："算学即不深，而不可不习几何学。盖论事办事之条段在是矣。"② 在《仁学》一书中，谭嗣同说：

不生与不灭平等，则生与灭平等，生灭与不生不灭也平等。③

谭嗣同在这里给出了一个推论，即如果不生与不灭平等，那么生与灭平等，而且生灭与不生不灭也平等。那么，谭嗣同是如何论证这个结论的呢？谭嗣同给出了一个复杂的代数运算：

$$甲 = 生$$
$$乙 = 灭$$
$$乘 = 不$$
$$不 \times 甲 = 不 \times 乙$$
$$乙 = 不 \times 乙 | 不$$
$$甲 | 乙 = (不 \times 乙 | 不) | (不 \times 甲 | 不)$$
$$不 \times (甲 | 乙) = 不 \times 乙 | 不 \times 甲$$
$$不 \times (甲 | 乙) = 不 \times (乙 | 甲)$$
$$甲 | 乙 = 乙 | 甲$$
$$甲 = 二乙 | 甲$$
$$乙 = 二甲 | 乙$$
$$甲 = 乙$$

---

① 杨廷福：《谭嗣同年谱》，人民出版社1957年版，第63页。
② 谭嗣同：《仁学》，《谭嗣同全集》，李敖主编，天津古籍出版社2016年版，第6页。
③ 谭嗣同：《仁学》，《谭嗣同全集》，李敖主编，天津古籍出版社2016年版，第6页。

第五章　西方科学与谭嗣同维新儒学的建构 | 129

不×甲∣不×乙＝不×乙∣不×甲

不×甲＝二不×乙∣不×甲

不×乙＝二不×甲∣不×乙

不×甲∣甲＝不×乙∣乙

不×甲＝不×乙∣乙∣甲

甲＝不×乙∣乙∣不×甲

乙＝不×甲∣甲∣不×乙

乙∣甲＝不×甲∣不×乙①

谭嗣同假设：生＝甲；灭＝乙；乘＝不。用"不×甲＝不×乙"代表不生与不灭平等，通过复杂的代数运算得出"甲＝乙"以及"乙∣甲＝不×甲∣不×乙"，以此证明生与灭平等以及生灭与不生不灭平等。

谭嗣同试图用西方科学的权威性来加强自己的论证，使自己的论证带有普遍性、必然性。就其对西方代数学的应用而言，这里面有着很大的误用，后文（第六章）将详述。但就其运算过程本身而言，这里边却体现了谭嗣同对西方代数学的熟悉。因为，在这个复杂的运算中，谭嗣同利用了西方代数学中的诸多运算规则，如通分、约分、移项、合并同类项等。

在《石菊影庐笔识》学篇中，谭嗣同还谈及了《几何原本》，认为《几何原本》论三角形第四十六题直线上求直角方形没有明确的答案，谭嗣同给出了明确的作图方案，并配有几何图形及作题思路。②从谭嗣同的解决方案中可以得出如下结论：首先，谭嗣同读过《几何原本》；其次，谭嗣同熟悉平面几何；最后，谭嗣同学习几何的目的是测绘制造。这充分说明，谭嗣同对西方几何学是有所了解的。

2. 谭嗣同对西方物理学知识的了解

在《论电灯之益》一文中，谭嗣同指出，光不过是"一热之迸流

---

① 谭嗣同：《仁学》，《谭嗣同全集》，李敖主编，天津古籍出版社2016年版，第7页。
② 参见谭嗣同：《石菊影庐笔识》，《谭嗣同全集》，李敖主编，天津古籍出版社2016年版，第233—234页。

而散布者也"①，即光不过是一股热流而已。谭嗣同认为，空气之中充满了世界上最小的物质微粒"以太"。热的本性即是发散，从高热的"以太"传到"低热"的以太，这种传输速度非常快，可以达到每秒六十多万里，热的这种高速度的传输形成了光。因此，光是由热的发散而形成的。同样，光的聚合也可形成热。谭嗣同举了凸透镜的例子予以说明，认为凸透镜在太阳的照射之下可以将光聚于一点，这聚合的光照在任何物体之上都可以使其发热。于是谭嗣同得出这样的结论：热散则为光，光聚则为热，热与光是一物而非二物。

谭嗣同进一步指出，地球上的生物包括人类与动植物皆依赖日光而生存。然而，由于地球的自转使地球上有了昼夜之分，白天有日光而晚上没有日光。那么，为何地球上的生物在晚上还能够生存呢？谭嗣同认为幸亏地球上有植物存在，植物在白天吸收了大量的热，到了晚上又徐徐地释放出来。

谭嗣同这样的认识充分体现了其对西方物理学知识的了解。首先，这里涉及了物理学中的光热转化原理。在谭嗣同看来，光即是热，热即是光。光的聚合形成热，热的散发形成光。谭嗣同的解释虽然未必正确，但是他对光热转化的肯定是符合物理学常识的。其次，这里涉及了物理学中的透镜原理。谭嗣同在这里谈到了凸透镜的聚光生热现象，进而来论证其光热互生原理，这也是符合物理学常识的。最后，这里涉及了昼夜形成原理。谭嗣同认为，地球的自转使地球上有了昼夜现象，这也是符合物理学常识的。此外，这里还谈到了植物的蓄热功能，这也在一定程度上说明谭嗣同对植物的光合作用有一定的了解。

在《以太说》一文中，谭嗣同发问，地球为什么能够统摄月球及动植物？太阳为什么能够统摄各行星及彗星、流星？昴星为什么能够统摄天河内诸恒星？虚空之内为什么能够统摄诸星球群体、星团、星云而又自成秩序？谭嗣同认为，在物理学家看来，这是因为离心力和

---

① 谭嗣同：《石菊影庐笔识》，《谭嗣同全集》，李敖主编，天津古籍出版社2016年版，第96页。

向心力的原因。显然，谭嗣同的发问涉及了西方物理学中的万有引力、离心力、向心力等物理学知识。尽管谭嗣同后来对此说提出了质疑，但是其对宇宙天体结构以及西方物理学家对此现象的解释的转述，说明谭嗣同对于西方物理学是相当了解的。

3. 谭嗣同对西方化学知识的了解

在《仁学》中，谭嗣同谈及了元素及化合物。他说：

> 质点不出乎六十四种之原质，某原质与某原质化合，则成一某物之性；析而与他原质化合，或增某原质，减某原质，则又成一某物之性；即同数原质化合，则多寡主佐之少殊，又别成一某物之性。①

谭嗣同所说的"质点"即今天所说的"原子"，其所说的"原质"，即今天所说的"元素"。在谭嗣同看来，某元素与某元素化合，则形成某物的特征。某元素从某物中分解出来与其他元素化合，则形成他物。某物中的某种元素增加或者减少其比例，则形成另一种物。显然，谭嗣同对元素、原子、化合、分解等化学知识是有所了解的。

与此同时，谭嗣同对"物质不灭定律"也是有所了解的。在《仁学》中，其内容涉及了这类知识。他说：

> 不生不灭有征乎？曰：弥望皆是也。如向所言化学诸理，穷其学之所至，不过析数原质而使之分，与并数原质而使之合……岂能竟消磨一原质，与别创造一原质哉……譬于水加热则渐涸，非水灭也，化为轻气养气也。使收其轻气养气，重与原水等，且热去而仍化为水，无少减也。②

谭嗣同认为，世界万物没有真正地产生，也没有真正地消灭。因

---

① 谭嗣同:《仁学》，《谭嗣同全集》，蔡尚思、方行编，中华书局1981年版，第306页。
② 谭嗣同:《仁学》，《谭嗣同全集》，蔡尚思、方行编，中华书局1981年版，第307页。

为，世界万物都是由元素组成的。西方化学家所讲的内容，无非是分解与化合，要么是使某物分解为元素，要么是使元素化合为某物。在这种分解与化合过程中，元素本身并没有增加也没有减少，更不会消灭。谭嗣同以水为例，水可分解为氢气和氧气，氢气和氧气可以重新化合为水。谭嗣同想表达的是，在水、氢气、氧气三者之间并没有真正地产生也没有真正地消灭。但是，谭嗣同没有意识到，水加热之后只会变成水蒸气，其化学结构还是水分子（H_2O），不会分解为氢气和氧气。尽管如此，谭嗣同对元素不灭的肯定说明其已经对"物质不灭"有所了解。

与此同时，谭嗣同认为世界万物中最小的不可分割的物质单位，并非元素而是其所说的"以太"。他说：

> 然原质犹有六十四之异，至于原质之原，则一以太而已矣。一故不生不灭；不生故不得言有；不灭故不得言无。[①]

在谭嗣同看来，世界万物由六十四种元素组成，六十四种元素由一种最基本的物质"以太"组成。因此，万物是不生不灭的。谭嗣同试图为六十四种元素找到一种更基本的物质，这在很大程度上是一种哲学思考，他想为自然界寻找一种更加本原的东西。尽管如此，他对物质不灭的肯定是符合化学常识的。显然，谭嗣同对西方化学知识是相当熟悉的。

4. 谭嗣同对生物学知识的了解

谭嗣同的《仁学》中，有关于生物进化的描述。

在谭嗣同看来，天地万物产生之前，只有一个水泡。这个水泡从一个变成千万个，就像熔化的金水，随风而旋转，最后变成球体。随着时间的推移，这种球体再分为无数个球体，然后变成土。土遇冷而凝聚，由于凝结所以干了；众多的土凝聚不齐，所以有高低之别。土地上枣暴果膜，就像有花纹一样，花纹也有纹理，就像山河一般。土

[①] 谭嗣同：《仁学》，《谭嗣同全集》，蔡尚思、方行编，中华书局1981年版，第306页。

凝聚得慢了，就溢出了洪水。土变干并凝聚，水就流向低洼之处。低洼潮湿之处水汽蒸发，草蕃虫蜗产生，细菌、微生物产生，然后螺、蛤、蛇、龟这样的动物产生，然后是鸟类产生，然后是猩猩和猿产生，这个时候离人就不远了。最后，人类产生了。人类虽然产生了，但人类是不断进化的，后代比之前的优秀。

谭嗣同在这里给出了一个生物生成秩序：水泡→土→细菌→微生物→螺、蛤、蛇、龟→鸟类→猩猩和猿→人类。谭嗣同的这样一个设想，明显带有达尔文生物进化论的特征。因为这里面涉及了从猿到人的进化，谭嗣同是不会凭空而造的。而且，谭嗣同所设想的这个生物生成链条本身，体现了谭嗣同对生物进化的肯定。谭嗣同说"人之聪秀，后亦胜前"，即人自身也是在不断的进化过程中。这说明，谭嗣同对西方的生物进化论是有所了解的。

5. 谭嗣同对医学知识的了解

谭嗣同曾经为南学会做过六次演讲，其中有一次演讲题目为"论全体学"。在这次演讲中，谭嗣同系统地介绍了自己所了解的全体学知识，讲了一些以人体解剖学为主的医学知识，同时纠正了许多中医理论在人体器官方面的错误认识。

谭嗣同指出，思维器官在脑不在心。传统中医学理论认为，心是人的思维器官。谭嗣同纠正了这种错误认识，指出人的思维器官是脑，而且脑有大脑、小脑之分，大脑主悟，小脑主记忆以及视听功能。谭嗣同还提出一个"脑气筋"的概念，认为"脑气筋布满四肢百体，则主四肢百体之知觉运动"[①]。显然，谭嗣同讲的"脑气筋"就是今天所讲的神经。谭嗣同还进一步分析了脑与心的关系，心是运血的器官，心虽然不能思考，但脑的思考依赖于心为之供血。

谭嗣同指出了心、肝、肺在身体中的位置及特征。古人认为，肝居左、肺居右而心居中央。谭嗣同认为这种认识是错误的。谭嗣同指出，心虽然居于中央，但并不对称，心尖略斜向左。至于肺，并非居

[①] 谭嗣同：《南学会讲义》，《谭嗣同全集》下册，蔡尚思、方行编，中华书局1981年版，第403页。

于右，而是左、右各一块，每块六叶。其功能有三：一是呼吸；二是变血；三是声音。至于肝，并非居于左，而是居于右边肺之下，其作用主要是用来变血。谭嗣同认为，"凡新生之血，必经肝家一过，方由淡红色变成红色，而有甜味；有甜味乃若养人。故西人或称肝为造糖公司"①。

谭嗣同还指出了脾、胃、胆和小肠的位置和特征。谭嗣同认为，脾位于左肺之下，其并没有消食功能，也并非与胃相连，其真正的功能是"惟主生白血输"。至于什么是"白血输"，谭嗣同认为"白血输"有"杀虫之用"。胃居于心之下，其功能是"专主消化"。胆居于肝的附近，其功能是分泌一种"酸汁入胃"，可以帮助消化。小肠长两丈有余，"专主取饮食中之精华以成血"，饮食经过小肠吸收后，余下之废物进入大肠最后排出体外。

在《仁学》中，谭嗣同还从医学的角度谈及了男女性行为，认为人类的性行为"不过如此如此，机器焉已耳"②，无所谓淫乱之说。

谭嗣同对人体器官的位置及功能的描述，说明其对西方医学知识尤其是人体解剖学是十分熟悉的，这在当时是十分难得的。

二 谭嗣同对西方科学的宣传

谭嗣同注重对西方科学的学习，也注重对西方科学的宣传，这种行为不仅体现了其对西方科学的熟悉，而且也增加了其对西方科学的进一步的了解。从1894年始，谭嗣同基于自己对西方科学的了解，对西方科学进行了诸多宣传。

谭嗣同曾经在湖南的南学会中作了多次演讲，内容涉及了诸多西方科学知识。蔡尚思先生、方行先生合编的《谭嗣同全集》收录了谭嗣同在南学会中的讲演录四篇，它们分别是：《论中国情形危急》《论今日西学与中国古学》《论学者不当骄人》《论全体学》。在这些演讲中，谭嗣同介绍了大量的西方科学知识。

---

① 谭嗣同：《南学会讲义》，《谭嗣同全集》下册，蔡尚思、方行编，中华书局1981年版，第404页。

② 谭嗣同：《仁学》，《谭嗣同全集》，李敖主编，天津古籍出版社2016年版，第17页。

在《论今日西学与中国古学》中，谭嗣同讲了一些天文学知识，包括地球为圆形、日心说、八大行星等。谭嗣同认为，地球是圆形的，他给出了两个理由：一是船行于海面上时，岸上的人先看见船的烟，然后看见船的烟筒，最后才依次看见船的全身。谭嗣同说：

> 试于海面上观之：有海船来，始见其船之烟，既见其船之烟筒，至前始见其全船之身。是明明从下而上，而为圆形矣。①

二是举月食的例子。月食是因为太阳、地球、月亮处在一条直线上，地球挡住了太阳照向月亮的光。从月食的形状推断，地球为圆形。谭嗣同说：

> 若日在地下，月在天上，而成月食，假使地球不圆，则掩月之形必不圆矣。此又地圆之确证也。②

谭嗣同还坚持日心说的观点，认为是地球绕太阳转而非太阳绕地球转。之所以如此是因为太阳为众行星之中心，且其体积远远大于地球。谭嗣同说：

> 但地既绕日而转，何以日不可以绕地而转？盖日为八星之中心，其体积大于地球者一百四十万倍；乌有大至一百四十万倍，而反绕一小星之理？③

谭嗣同坚持地球绕太阳转，这是符合现代科学理论的，但其给出

---

① 谭嗣同：《南学会讲义》，《谭嗣同全集》下册，蔡尚思、方行编，中华书局1981年版，第400页。
② 谭嗣同：《南学会讲义》，《谭嗣同全集》下册，蔡尚思、方行编，中华书局1981年版，第400页。
③ 谭嗣同：《南学会讲义》，《谭嗣同全集》下册，蔡尚思、方行编，中华书局1981年版，第400页。

的理由（因为太阳体积大，所以地球绕太阳转）似乎有些牵强。但是，在当时的科技条件下，这已经是相当先进的科学认识了。当然，作为一个儒家学者，其理论兴趣并不在天文学知识上，而是要基于科学认识提出自己的救国主张，构建自己的维新儒学。

在对西方科学的宣传中，谭嗣同不仅宣传西方科学知识本身，而且还强调西方科学的重要性。在《论学者不当骄人》中，谭嗣同强调，要挽救晚清之时局，关键是要研究学问。那么，谭嗣同所说的"学问"到底指什么呢？谭嗣同说：

> 鄙人深愿诸君都讲究学问，则我国亦必赖以不亡。所谓学问者，政治、法律、农、矿、工、商、医、兵、声、光、化、电、图、算皆是也。①

显然，在谭嗣同这里，学问指的是以自然科学为主的西学。谭嗣同在这里强调的是，只有真正地学习西方科学，国家才可以不亡。

1898 年 3 月，谭嗣同和唐才常、熊希龄等在长沙创办了《湘报》，作为南学会的喉舌。从 1898 年 3 月创刊到同年 10 月停刊，《湘报》共出 177 号，其内容包括论说、奏疏、公牍、电旨、各国时势、本省新政、商务、杂事等。尽管《湘报》存在的时间很短，但其对于培养维新人才、传播科学知识、宣传维新变法以及推动湖南各项新政的实施，都起到了极大的作用。作为《湘报》的主笔，谭嗣同为《湘报》撰写了很多文章，宣传维新变法思想。就西方科学的传播而言，谭嗣同写了诸多文章。例如，《论电灯之益》《论湘奥铁路之益》《壮飞楼治事十篇》《以太说》等，在这些文章中，谭嗣同积极地宣传自然科学，为中国人的科学启蒙做出了积极的贡献。

在《论电灯之益》一文中，谭嗣同介绍了电灯的方便之处。与此同时，谭嗣同对光、热、电等物理现象作了科学的解释，其中涉及了

---

① 谭嗣同：《南学会讲义》，《谭嗣同全集》下册，蔡尚思、方行编，中华书局 1981 年版，第 403 页。

光合作用、光热转化以及凸透镜聚光原理，体现了谭嗣同对西方科学的了解，同时也说明了谭嗣同在西方科学传播中所起的积极作用。谭嗣同认为，"光为生之原"，一切生命皆离不开光。如果没有光照，植物无法生存，人也无法生存。

在《以太说》一文中，谭嗣同试图用"以太"这一概念将光、声音、电以及人的思维统一起来，就其内容层面而言，许多观点有些牵强，但这篇文章触及了物理学的诸多问题，对晚清时期中国人的科学启蒙起了很大的作用。谭嗣同在《以太说》中连续追问了四个问题，认为这四个问题是科学家不能完全回答的，谭嗣同试图在分析这些问题之后给出自己的解释，他认为"以太"观念可以解释这些问题。可以说，《以太说》是谭嗣同基于其已经掌握的自然科学知识所作的一次哲学思考。

谭嗣同首先思考了光、声、气、电与人的感官之间的关系。是光线先到了人的眼睛还是人的眼睛去接触光线，是声音刺激人的耳朵还是人的耳朵去寻找声音，气是如何运动的，电又是如何从电线的此端到达万里之外的彼端？谭嗣同认为，西方科学家以"光浪""声浪""气浪""电浪"来解释。但谭嗣同进一步追问，"然浪也者，言其动荡之数也。动荡者何物？"[①] 谭嗣同想说的是，"浪"只是形容某种东西的动荡状态，如光线进入眼睛是因为某种跟光线有关的动荡的东西进入人的眼睛，声音进入人的耳朵是因为某种跟声音有关的动荡的东西进入人的耳朵，气体从筒的这一端到达另一端是因为某种跟气体有关的动荡的东西从这一端到达另一端，电可以从电线这一端到达另一端是因为某种跟电有关的东西从这一端到达另一端，谭嗣同思考的问题是这种动荡的东西本身是什么？谭嗣同认为，"浪"之背后不仅有一个承载者，还有一个推动者。

谭嗣同又思考了宇宙天体模型。地球为什么能够让月球绕着其转，太阳为什么能够让诸行星围着其转，昴星为什么能够让其天河圈

---

① 谭嗣同：《以太说》，《谭嗣同全集》，李敖主编，天津古籍出版社2016年版，第106页。

内诸恒星围着其转,虚空之中为什么能容纳满天诸星又各自有序?谭嗣同试图以当时他所理解的物理学知识来解释这些现象,他认为按照重学家的观点这是因为有离心力和向心力。但是,谭嗣同不满足于这种解释。

按照牛顿经典物理学的观点,离心力使星球与星球之间有某种互相排斥之力,向心力使星球与星球之间又有某种互相吸引的力,二者互相平衡而形成星球与星球之间的某种稳定关系。但是,谭嗣同对于这样的回答并不满意,他还要继续追问,这种相互排斥和吸引的力是谁给出,既然星球之间互相吸引,它们之间是如何达到平衡的?

谭嗣同还思考了神经系统的问题。人的任何一个细微的举动,如"一言""一动""一歌泣""一思念",都是由人的全部的"脑气筋"发动而显现的。谭嗣同所说的"脑气筋"有两个功能:一是知觉的功能;二是感应的功能。当其讲知觉的功能时,类似于我们今天所讲的神经。他说:

> 以我之脑气筋感我之脑气筋,于是乎有知觉。牵一发而全身为动,伤一指而终日不适。疾痛疴痒,一触即知。其机极灵,其传至速。不灵不速时,曰麻木不仁。[①]

手指受伤,马上能感觉到疼痛,这是因为手指的"脑气筋"马上传到了大脑的"脑气筋"。同样,任何"疾痛疴痒"都能迅速感觉到,这就是由"脑气筋"而产生的知觉。可见,这里所讲的"脑气筋"即我们今天所讲的神经。当谭嗣同讲感应功能时,"脑气筋"这个概念似乎复杂了一些。感应讲的是人与人之间的交流、信息传递,也可以是人与天地万物之间感应。所谓人与人之间的感应,即人与人之间的交流、信息传递等。谭嗣同说:

[①] 谭嗣同:《以太说》,《谭嗣同全集》,李敖主编,天津古籍出版社2016年版,第107页。

以我之脑气筋感人之脑气筋，于是乎有感应。善不善，千里之外应之；诚不诚，十手十目严之。容色可征意旨，幽独如见肺肝。[1]

所谓人与万物之间的感应，指的是一种精神境界，类似于宋儒讲的"仁者浑然与物同体"（《识仁篇》）。谭嗣同说：

本合天地人我为一全体，合众脑气筋为一脑气筋，而妄生分别，妄见畛域，自隔自蔽，绝不相通者，尤麻木不仁之大者也。[2]

但是，人与万物的这种感应是何以可能的？谭嗣同认为，"虽心灵家无以达其分核矣"[3]，心理学家亦无法解释。

谭嗣同还提出，光、声、气、电是何以可能的；宇宙天体之间的平衡是何以可能的；万物的最小单位是什么；人的知觉及人与人、人与万物的感应是何以可能的？谭嗣同认为，宇宙之中存在一种细微物质，叫作"以太"。"以太"是光浪、声浪、气浪、电浪之所以可能的原因，也是宇宙天体之所以平衡的原因，还是万物最小的质点，同时也是脑气筋之所以可能的原因。他说：

其显于用也，为浪、为力、为质点、为脑气。法界由是生，虚空由是立，众生由是出。无形焉，而为万形之所丽；无心焉，而为万心之所感，精而言之，夫亦曰"仁"而已矣。[4]

---

[1] 谭嗣同：《以太说》，《谭嗣同全集》，李敖主编，天津古籍出版社2016年版，第107页。
[2] 谭嗣同：《以太说》，《谭嗣同全集》，李敖主编，天津古籍出版社2016年版，第107页。
[3] 谭嗣同：《以太说》，《谭嗣同全集》，李敖主编，天津古籍出版社2016年版，第107页。
[4] 谭嗣同：《以太说》，《谭嗣同全集》，李敖主编，天津古籍出版社2016年版，第107页。

谭嗣同试图用"以太"这样一个概念来解释其提出的所有问题。这是一种哲学解释而非科学解释，其"以太"观念也是一个哲学概念而非科学概念。总之，谭嗣同对西方科学的宣传活动，不仅对中国人对于西方科学的了解起到了巨大的促进作用，同时也充分体现了其对西方科学的了解。

第二节 谭嗣同的维新儒学思想

一 谭嗣同维新变法的基本主张

在维新运动中，谭嗣同积极呼吁变法，提出了自己的变法主张。在政治领域，谭嗣同主张废除君主专制，学习西方议会制度；在经济领域，谭嗣同主张变革小农经济，实现自由通商；在文化领域，谭嗣同主张废科举、兴学校。

1. 政治层面的主张

谭嗣同反对君主专制，主张兴民权、开议院。但是，鉴于晚清的政治格局，他将其议院思想糅合到了其兴学会的主张中。

在《壮飞楼治事十篇》中，谭嗣同详细地阐发了自己的学会思想。

《壮飞楼治事十篇》共由十部分组成，包括释名、辨实、学会、通情、平权、仕学、法律、财用、群学、湘粤，但其中心是围绕"学会"而展开的。在谭嗣同这里，学会不仅是一种学术组织，更重要的是一种政治组织。他可以"无变制度之名而有变制度之实"。谭嗣同认为，只要大兴学会就可以实现变法改制的目标。

《释名》篇中，谭嗣同讲述了名和实的关系，认为名是"变动不居"的，实才是真实可靠的，不可因为名而耽误对于实的认识。谭嗣同还举了《庄子》中"朝三暮四"的典故，猴子因为名的不同而产生情绪变化，进而说明不可以名惑实。具体而言，谭嗣同认为自从中外开通以后，人们关注的不是洋务之实，而以执着于洋务之名，盲目地称洋为夷。所谓洋务之实，即中国应办之事也，而所谓洋务之名，

第五章 西方科学与谭嗣同维新儒学的建构

即"洋务"这个名称本身。谭嗣同批评世人执着于洋务之名而不顾洋务之实,盲目地称其为"夷"而无端指责。因此,谭嗣同强调于名和实之间要辨别何为名、何为实?在《辨实篇》中,谭嗣同说:"故欲祛名之弊,亦惟有务实而已矣,不当别为名以益其敝也。"① 谭嗣同有感于当时诸多变法都流于形式,即流于空名没有实际的东西,所以谭嗣同认为变法要"无变法之名而有变法之实"。

如何才能无变法之名而有变法之实?谭嗣同想到了学会。学会,即把具有相同专业背景、相同志趣爱好的人聚集到一起,用谭嗣同的话说即"民以其学来会也"。谭嗣同认为,这样的组织可以形成很大的凝聚力,可以解决很多问题。他说:

> 士会于庠而士气扬,农会于疆而农业昌,工会于场而工事良,商会于四方而商利孔长。各以其学而学,即互以其会而会……于是无变法之名,而有变法之实。②

具体而言,学会可以解决如下问题:

学会可以"无议院之名而有议院之实"。在谭嗣同这里,学会不仅是一个学术团体,而且是一个政治团体。从学术团体的角度讲,"有会则必先有学,若农学,若工学,若商学、若矿学、若医学,若凡天地化电图算格致诸学,无一不当有会,而统之于总学会与分学会。"③ 从政治团体的角度讲,各省设有总学会,总督、巡抚以及学政均入会;各府、各厅、各州、各县均设分学会,地方官吏均入会;然后,分学会受领导于总学会。学会的作用是:

---

① 谭嗣同:《壮飞楼治事十篇》,《谭嗣同全集》,李敖主编,天津古籍出版社 2016 年版,第 80 页。
② 谭嗣同:《壮飞楼治事十篇》,《谭嗣同全集》,李敖主编,天津古籍出版社 2016 年版,第 81 页。
③ 谭嗣同:《壮飞楼治事十篇》,《谭嗣同全集》,李敖主编,天津古籍出版社 2016 年版,第 82 页。

> 官欲举某事，兴某学，先与学会议之，议定而后行。议不合，择其说多者从之；民欲举某事，兴某学，先上于分学会；分学会上总学会。总学会可行之。①

谭嗣同给学会设想了这样的权力，即官员想做某件事情无论是社会事务还是学术事务，先通过学会来讨论一番；同样，民众想表达某种诉求也可以通过学会这样的组织来向上传达。在谭嗣同看来，学会有上下通情的好处，即官员可以通过学会了解社会的情况，民众也可以通过学会来表达自己的诉求。显然，按照谭嗣同的设想，每个省设一个总学会，各地方再设分学会，大小事务都通过学会来讨论一番再做决定，这与西方的议会制度有很大的相似性。

学会可以"无变官制之名，而有变官制之实"。谭嗣同认为，传统的官僚制度根本没有平等可言。官僚和百姓之间的地位严重不平等，这是一切祸害的根源。谭嗣同认为，掌权者仅凭一个人的智力根本无法处理天下之事，就算他能够胜任其事，他也不会完全按照百姓的意愿办事。因此，百姓没有足够的理由相信官僚。谭嗣同不相信官僚，对官僚提出了彻底的质疑。他认为，学会可以解决这个问题。所有的事情不能官僚说了算，而要通过学会来讨论决定。谭嗣同想通过学会取得议事权，他介绍西方的议会制度说：

> 西国于议事办事，分别最严。议院议事者也；官府办事者也。各不相侵，亦无偏重。明示大公，阴互牵制。②

谭嗣同想通过学会制度取得议事权，办事权还留在官僚手中。他说：

---

① 谭嗣同：《壮飞楼治事十篇》，《谭嗣同全集》，李敖主编，天津古籍出版社2016年版，第82页。
② 谭嗣同：《壮飞楼治事十篇》，《谭嗣同全集》，李敖主编，天津古籍出版社2016年版，第83页。

学会通情平权之谓也。且平权，平其议事之权而已。办事之权仍官操之，无官令，民不敢干也。①

学会通过议事权，取得了一定的权力，这是谭嗣同议会制度的一种设想。可以说，谭嗣同是想将西方的议会制度植入了其所设想的学会中。

学会可以"无变科举之名而有变科举之实"。晚清有一种取士制度叫"保举制"，即被保举者出钱捐官。由于每年捐官的人多，而岗位又有限，所以许多捐官的人一直要等着补缺，即等一个工作岗位。谭嗣同对此提出了批评，认为这样选不出有用的人才。

谭嗣同认为，解决这个问题的最好办法就是开学会。谭嗣同主张将总学会打造为候补官之地，在总学会设仕学一科，让候补官在总学会学习。学习内容为西方科学以及古今中外政教源流等。到年底，由学会的会众及众绅士集体评估，合格则用之，不合格则不用。谭嗣同这样的设想，是想让学会有选拔人才的功能，通过学会的学习考核，来解决这个问题。谭嗣同设想让学会培养人才，选拔人才，不仅针对候补官员如此，在职官员也如此。

学会可以"无变法律之名而有变法律之实"。谭嗣同认为，官吏无法可依是一个严重的问题，需要制定详尽的法律。谭嗣同认为学会可以实现这一目标，他建议总学会制定一些法律。谭嗣同将这种法律分为三种：一是章程，叙述各衙门之权利义务；二是表，即各种法律之分门别类之提要；三是图，即天文、舆地、疆界、田里、城郭等以方便查看。谭嗣同设想让学会拥有立法权，这显然是对西方议会制度的模仿。

学会可以"无变制度之名而有变制度之实"。谭嗣同认为，晚清之财政官员，视民为圈中之牛羊，想的就是如何盘剥百姓。谭嗣同试图通过学会制度来克服这一弊端，他说："今之所谓学会，民以其学

---

① 谭嗣同：《壮飞楼治事十篇》，《谭嗣同全集》，李敖主编，天津古籍出版社2016年版，第83页。

来会也，则言理财，悉以养民为主义。"① 按照谭嗣同的设想，学会可以养民。学会如何实现这个目标呢？谭嗣同作了如下设想：集众人之才智，研究农业、工业、矿业及商业技术，进而提高生产力；鳏寡孤独者及身患残疾者，可以通过学会使其学得一技之长，然后自食其力；学会可以自己成立警局，省去国家养兵费用；学会可以自己设定各种祀典，省去国家的祭祀费用等。总之，凡是有利于百姓日常生活的，都可以通过学会来讨论。

总之，谭嗣同对学会寄予厚望，试图通过学会这一组织形式来力挽狂澜。从其对学会的设想中也可以看出，谭嗣同的学会是在模仿西方议会制度中形成的。谭嗣同的学会与议会有着诸多相似之处，就立法权来讲，谭嗣同设想学会可以"无变法律之名而有变法律之实"；就财政权而言，谭嗣同强调学会"悉以养民为主义"；就行政监督权而言，谭嗣同设想大小事宜都通过学会来讨论等。可以说，谭嗣同在政治层面的主张可以概括为以学会代替议会制度。

2. 经济层面的主张

大致来说，谭嗣同在经济上有两个方面的诉求：一是鼓励自由通商；二是鼓励机器生产。

身处晚清变局之下，谭嗣同强烈感受到西方列强商业发达的优势，同时也注意到了中国因商业落后而带来的种种弊端，因此其思想中带有某种重商主义的倾向。

谭嗣同认为，一个国家的资源总是有限的，当本国之货物短缺时，有外国货物输入本国市场，大大方便了本国人民。通商并不会使白银外流，本国购买他国的货物而使白银流入外国，他国也购买本国货物而使白银流入本国。就算因我国工艺不兴、商贾不恤而白银外流，那也不是什么大的损失。因为对方得到了白银，而我们得到了货物。货物可以满足生活需要，而"金银则饥不可食寒不可衣"②。在

---

① 谭嗣同：《壮飞楼治事十篇》，《谭嗣同全集》，李敖主编，天津古籍出版社2016年版，第86页。
② 谭嗣同：《仁学》，《谭嗣同全集》，李敖主编，天津古籍出版社2016年版，第38页。

谭嗣同看来，通商是仁的必然要求。谭嗣同说：

> 故通商者，相仁之道也，两利之道也，客固利，主尤利也。西人商于中国，以其货物仁我，亦欲购我之货物以仁彼也。①

谭嗣同以"通"释仁，认为"仁以通为第一义"，因此通商是其仁观念的题中应有之义。在谭嗣同看来，通商不仅是两利之道，而且也是儒家仁观念的具体体现。

基于这样的认识，谭嗣同鼓励自由通商，对那些反对自由通商的观点及行为提出了自己的批评。谭嗣同指出，早期西方人也是反对通商的，认为"通商足以墟人之国"，于是各自提高关税，但是后来西方人认识到了这样做的弊端。因此，谭嗣同反对关税，认为关税皆是西方人过时的做法。谭嗣同鼓励与西方人通商，他提出了两个方案：一是奖励工艺制造、出台惠商政策、加速制造业发展、大量制造货物尤其是开发矿产，在这个基础上与西方人互通有无；二是大量购买外国货物。因为当时工业落后，所以中国可出口货物并不多，许多人认为大量购买西方人的货物会使白银外流进而反对购买外国货物，谭嗣同正是在这样的背景之下提出这个观点的。

谭嗣同以"通"释仁，其所说的"彼仁我"即对方与我通商，进一步说即对方卖货物给我；其所说的"我仁彼"即我与对方通商，进一步说即我卖货物给对方。谭嗣同想说的是，通商最好是互通有无，如果不能互通有无，则我先购买进来以保障通商。

谭嗣同认为，开工厂可以养民、可以流通货币、可以博施济众。他说：

> 富而能设机器厂，穷民赖以养，物产赖以盈，钱币赖以流通，己之富亦赖以扩充而愈厚。②

---

① 谭嗣同：《仁学》，《谭嗣同全集》，李敖主编，天津古籍出版社2016年版，第38页。
② 谭嗣同：《仁学》，《谭嗣同全集》，李敖主编，天津古籍出版社2016年版，第35页。

因此，谭嗣同鼓励机器生产，主张有矿产则以机器开采，有农田则以机器耕种，有工程则以机器施工，一切能以机器生产的皆以机器取代人力。谭嗣同是想借机器大生产的方式增加社会产品，提供更多的就业机会，在今天看来是有一定的合理性的。但是，在当时谭嗣同的主张也受到了不少批评，谭嗣同不得不一一反驳。

反对者提出"机器夺民之利"。谭嗣同认为，人民贫困是因为物产短缺，要富民关键在于丰富物产，而机器生产可以大大地增加物产。原来百人耕种养活一人，现在一人耕种就可以养活百人，而这样大规模地提高物产，只有机器大生产才能做到。而且，人民的物质需求日日增加，而疆土又有限，机器大生产是富民的最好方法。针对反对者的"夺民之利"说，谭嗣同认为，机器不仅不会夺人之利，而且还会为民增利。他说：

> 譬之一家焉，伯制器，仲运贩，叔耕以供养，季织以供衣，若用机器助力，伯所制器必加多，用机器运物，仲又舍其贩运而增制机器，机器无衣食之费，叔季初不加其供亿，益将委耕织于机器，而增制器，以视向者所获，不既多乎？①

谭嗣同通过这一家人的例子，强调机器可以大大地提高生产效率，进而给这一家人带来了更多的经济效益。谭嗣同这样的反驳有一定的合理性，但是他也忽略了因机器大生产而给人带来的失业。当然，就晚清的经济状况而言，还远远没有到达谈论失业的时候。因此，谭嗣同的说法在当时是有合理性的。

反对者提出"机器兴而物价贵"，认为既然机器效率高、物产更加丰富，可是欧美国家物价不但没有下降，反而上升了。谭嗣同指出，欧美国家物价上升并不是因为机器生产，其物价上升有其他原

---

① 谭嗣同:《仁学》,《谭嗣同全集》,李敖主编,天津古籍出版社2016年版,第35—36页。

因。谭嗣同认为，物价的贵贱，体现着人民对生命的重视程度。欧美国家正处盛世，其人民对生命都格外重视，因此不肯多用人力，也不愿意多生产，更不着急出售货物，所以物价才高。

3. 文化层面的主张

谭嗣同认为，在传统科举制度的影响之下，中国人都热衷于做官，科举考什么，他们就学什么，对于掌握一门实在的本领毫无兴趣。他说：

> 西人鄙中国之士，志趣卑陋，止思作状元宰相，绝不自谋一实在本领，以济世安民。①

谭嗣同认为，晚清有此被动局面关键在于科举取士制度，因为科举所选之士"至如今日一无所长，而流为废物"②。如果能够于数十年前参照西方而变科举制度，则不会有此时之局面。因此，谭嗣同对晚清的科举制度强烈地不满，急欲改革。

不少顽固派认为，变法之关键在于正人心，"不先正天下之人心，变犹不变也"。这样一种论调，对于维新变法而言，的确是一个很大的理论障碍。因为，变法都是从制度层面讲的，而所谓的"人心"都是从伦理层面讲的。进一步说，前者是物质层面的，后者是精神层面的。维新派主张从物质层面的制度入手，而顽固派却坚持从精神层面的"人心"入手。就变科举而言，这一问题同样摆在维新派面前。谭嗣同说，西方国家强大并不在于"人心"而在于制度，有好的制度则中人以下的人都可以自我克制，没有好的制度则中人以上的人都难以生存。

谭嗣同强调的是，人心正不正，关键在于有无良法。有良法则人心正，无良法则人心不正。事实上，这里涉及了存在和意识谁决定谁的问题。良法是存在层面的范畴，"人心"是意识层面的范畴。唯物

---

① 谭嗣同：《思纬氤氲台短书——报贝元征》，《谭嗣同全集》，李敖主编，天津古籍出版社2016年版，第391页。

② 谭嗣同：《思纬氤氲台短书——报贝元征》，《谭嗣同全集》，李敖主编，天津古籍出版社2016年版，第391页。

主义告诉我们，社会存在决定社会意识，社会意识可以反作用于社会存在，但归根结底还是社会存在起主导作用的。因此，就这个问题而言，谭嗣同主张通过制度改革来正人心是合理的。而那些一味地强调"人心"的决定作用，以为只要道德上没有瑕疵就可以解决一切问题，是典型的唯心主义的表现。谭嗣同强调社会制度的决定性作用，同时也没有忽略"人心"的作用，他指出就算要正"人心"也得先从制度入手。他说：

> 且即欲正天下之人心，又岂空言能正之乎？……言王道，则以耕桑树畜为先，无其器则无其道。圣人言道，未有不依于器者。岂能遍执四百兆颠连无告之民，一一责以空言，强令正心乎？①

有鉴于此，谭嗣同认为要正人心必须先变法，要变法就要变科举、兴学校。他说：

> 然则不变法，虽圣人不能行其教，以正人心。此变学校允为正人心之始基，根本之根本矣。学校何以变，亦犹科举依于实事而已。②

就这样，谭嗣同从顽固派所强调的正"人心"，走到变科举、兴学校的正确主张上来。

谭嗣同认为科举考试有两大弊端：一是其所考察之内容皆非"实事"，没有一个客观的标准；二是因为缺乏客观标准，所以便于作伪。谭嗣同在这里对传统的考察内容提出了质疑，考据八股的确没有一个客观的标准，用今天科学哲学的术语来讲，即既不可证实也不可证

---

① 谭嗣同：《思纬氤氲台短书——报贝元征》，《谭嗣同全集》，李敖主编，天津古籍出版社2016年版，第392—393页。
② 谭嗣同：《思纬氤氲台短书——报贝元征》，《谭嗣同全集》，李敖主编，天津古籍出版社2016年版，第393页。

伪。也正因为如此，科举制度给徇私舞弊留下了很大的空间。

在《思纬氤氲台短书——报贝元征》一文中，谭嗣同提出了自己的科举改革方案：第一，兴建学校。谭嗣同主张仿西式学校建立初级学校、中级学校以及高级学校，学校培养各种人才，作为官员的来源。第二，学校要分专业，各种专业均有专门人才来学。学得好则录用，学得不好或有过失则降其等级。第三，学校的入学考试没有时间限制，也不拘泥人数，随到随考。第四，考试内容都是实实在在的学问，可以检验真伪、差别高下的学问。第五，考试合格即按成绩授予证书。其证书有一定的等级，谭嗣同举例说"如中国举人进士之类"。对于那些考核不合格的，可以再考直到合格为止。第六，学校考核合格之后可以按专业就业。第七，不论男女，八岁之前皆要入学，如果不入学则惩罚其父母。谭嗣同的改革方案与今天的教育制度有很大的相似性，谭嗣同本人也对其方案充满信心。他认为，今天的大臣正是过去的人民，今天的人民正是明天的大臣，通过学校教育今天的人民，就相当于教育了未来的大臣。

显然，谭嗣同的改革方案，是一种以学校代替科举的设想。学校一方面具有教育的功能，另一方面也具有选拔人才的功能。这样的设想在当时的历史条件下是相当先进的。

二　谭嗣同维新变法的理论依据

维新变法在实施过程中，遇到了来自顽固派势力的百般阻挠。为此，谭嗣同也做出了理论上的回应，是为维新变法的理论依据。这种理论依据体现在谭嗣同对四个观念的阐释中：一是夷夏观念；二是进化观念；三是仁通观念；四是日新观念。

1. 夷夏观念

夷夏观念是维新儒学的一个重要观念，也是晚清时期顽固派、洋务派、维新派都要谈的一个问题。顽固派借夷夏观念来反对洋务、反对变法，洋务派借夷夏观念来引进西方科技，维新派借夷夏观念来为政治变革提供理论依据，不同的派别对夷夏观念有不同的解释。作为维新派的代表人物，谭嗣同也提出了自己的看法。

在夷狄与华夏孰优孰劣的问题上，谭嗣同不认为华夏优于夷狄。

在《思纬氤氲台短书——报贝元征》一文中，谭嗣同批评了顽固派在这个问题上的自高自大。

谭嗣同批评了守旧知识分子的顽固态度，他们整日沉溺于考据之学对外界一无所知，以为湘军战胜太平军就天下无敌了，因此完全不把西方列强放在眼里。对于世界形势一无所知，一味地自高自大，以为闭关绝市就可以解决一切问题。显然，谭嗣同对西方列强有一个更加清醒的认知。谭嗣同的这种批评，预设了其对夷夏关系的认知，即华夏并没有优于夷狄。进一步说，即中国与西方列强尚有很大差距。

顽固派对夷狄、西方列强的轻视还有一个重要的借口，即夷狄、西方列强之强在于其器物层面的科技。至于道层面的政治、伦理，则远远不及华夏、中国。谭嗣同对此做出了反驳。首先，谭嗣同认为，道非圣人所独有，也非中国所独有，西方也有自己的道。其次，在道器关系上，谭嗣同坚持道不离器的观点，有什么样的器就有什么样的道。因此，肯定了西方人的器，也就肯定了西方人的道。进一步说，不仅要学习西方的科学技术，还要学习西方的政治制度。显然，谭嗣同不仅不轻视夷狄，而且对所谓的夷狄十分重视。

2. 进化观念

进化观念是维新儒学的一个重要范畴，也是晚清思想界讨论的一个重要问题。守旧派或顽固派坚持"天不变道亦不变"，反对进化观念，维新派主张"变亦变，不变亦变"，他们争论的理论焦点在于进化观念，但其实质是政治改革的事。换言之，守旧派在政治上反对体制改革，在思想上反对进化观念，维新派在政治上提倡制度改革，在思想上宣扬进化观念。作为维新派的代表人物，谭嗣同在进化问题上也有自己的主张。

与康有为、梁启超不同的是，谭嗣同的进化观念不仅依托于《春秋》三世说，而且还吸收了《周易》中的相关思想，并提出了"逆三世""顺三世"之说，形成了其独具特色的进化观念。

谭嗣同认为，《周易》古经乾卦卦辞中包含有《春秋》三世进化之义。

在谭嗣同看来，《周易》古经中的《乾》卦六爻包含有《春秋》

三世之义，从初爻到九三是"逆三世"，从九四到上九是"顺三世"。谭嗣同提出了"逆三世"和"顺三世"的理论，认为在孔子之前，历史按照"逆三世"的模式前进，孔子之后，历史按照"顺三世"的模式前进。

所谓"逆三世"，即由太平世到升平世再到据乱世。谭嗣同说：

谭嗣同将《周易》古经《乾》卦初九之卦辞"初九，潜龙勿用"比作太平世，认为彼时既无教主也无君主；又将《周易》古经《乾》卦九二之卦辞"九二，见龙在田，利见大人"比作升平世，认为彼时渐有教主和君主；又将《周易》古经《乾》卦九三之卦辞"九三，君子终日乾乾，夕惕若，厉无咎"比作据乱世，认为彼时君主肆虐横行，教主不得已而出。谭嗣同这样的设想是将君主、教主比附为龙，初九"潜龙勿用"，所以既没有君主也没有教主；九二"见龙在田"，所以君主和教主初现，但离民尚远；九三"终日乾乾"，民众日日警惕，所以君主横行，教主不得已而出世以拯救民众。

谭嗣同这样的比附有一定的现实依据，在谭嗣同看来，远古之时无教主也无君主，最多会出现酋长，这个时候人类初生没有纷争，故而称其为"太平世"；三皇五帝之时，社会上渐渐地出现了教主、君主，然而这些教主、君主离民尚远，对民众没有多大的威胁，所以称其为"升平世"；夏商周之时，君主集大权于一身，对百姓大肆剥削，所以称其为"据乱世"。谭嗣同将远古到三皇五帝再到夏商周这段历史分别冠以太平世、升平世、据乱世之名，并称其为"逆三世"。

所谓"顺三世"，即由据乱世到升平世再到太平世。

谭嗣同将《周易》古经《乾》卦九四之卦辞"九四，或跃在渊，无咎"比作据乱世，认为彼时为君主专制。从卦象上讲，九四爻上不着天下不着地，有艰难之象。从时间上讲，从孔子降生至今（晚清时期），皆为据乱之世。谭嗣同又将《周易》古经《乾》卦九五之卦辞"九五，飞龙在天，利见大人"比作升平世，认为彼时地球上共奉一个君主，共奉一个教主，天下呈现大一统。谭嗣同又将《周易》古经《乾》卦上九之卦辞"上九，亢龙有悔"比作太平世，认为彼时人人可为教主，人人可为君主，天下彻底实现民主。显然，谭嗣同所设想的"顺三世",包含着从君主制到立宪制再到民主制的进化。

谭嗣同的"逆三世""顺三世"之说,给出了社会进化的一个较为明朗的秩序:远古时期为太平世,三皇五帝时期为升平世,夏商周时期为据乱世,从远古时期到三皇五帝时期再到夏商周时期,是从太平世到升平世再到据乱世,谭嗣同称其为"逆三世"。从孔子降生到今天(晚清时期)为据乱世,从今往后还会有升平世、太平世依次出现,谭嗣同称其为"顺三世"。谭嗣同所说的"据乱世"以君主专制为特征,其所说的"顺三世"的进化,正是在理论上对君主制的抛弃。这里边体现了谭嗣同对君主专制的厌恶,也体现了谭嗣同对立宪制、民主制的向往以及对立宪制、民主制必然出现的信心。同时也说明,谭嗣同对社会进化的深信不疑。这种社会必然进化的说法,显然是维新变法所需要的。

3. 仁通观念

"仁通"观念,是谭嗣同"仁以通为第一义"的概括。谭嗣同赋予"仁"最大的含义是通。那么通是什么意思呢?谭嗣同以"通之象""通之具"以及"通之义"解释通的含义。所谓"通之象",谭嗣同说:"通之象为平等"①;所谓"通之具",谭嗣同说:"以太也,电也,心力也,皆指出所以通之具。"② 在谭嗣同这里,以太、电、心力都是通的工具或者说介质。关于以太、电、心力三者的关系,谭嗣同说:"以太也,电也,粗浅之具也,借其名以质心力。"③ 关于"通之义",谭嗣同指出通有四义:中外通、上下通、男女内外通、人我通。

谭嗣同的仁通观念,为其维新变法提供了重要的理论支撑。前文已述,谭嗣同在政治上主张模仿西方的议会制度,以学会代替议会以实现上下通情,以经济上主张发展民族资本主义,鼓励商品流通以实现自由通商,在文化上主张废科举兴学校以实现中西通学。这意味

---

① 谭嗣同:《仁学》,《谭嗣同全集》,李敖主编,天津古籍出版社2016年版,第5页。
② 谭嗣同:《仁学》,《谭嗣同全集》,李敖主编,天津古籍出版社2016年版,第5页。
③ 谭嗣同:《仁学》,《谭嗣同全集》,李敖主编,天津古籍出版社2016年版,第5页。

着，只有政治上通情、经济上通商、文化上通学，才是仁的具体体现。可以说，谭嗣同的仁通观念，为其变法主张找到了一个来自儒家核心观念的哲学依据。

4. 日新观念

日新，指万事万物天天更新，是变易观念的另一种表达。日新观念最初出自《易传》："日新之谓盛德。"（《易·系辞上》）《大学》中亦有："苟日新，日日新，又日新。"（《礼记·大学》）日新观念，是传统儒家的一个重要观念。到了维新变法时期，维新派对其十分重视，通过对其阐释来强调维新变法的必要性。

在《仁学》中，谭嗣同赋予了日新善恶的含义，认为至善止于日新，至恶止于不能日新。谭嗣同进一步举例论证自己的观点，天不日新就无法化育万物，地不日新就无法运行，日月不日新就没有光明，四时不日新就没有寒暑变化，草木不日新就无法枝繁叶茂，血气不日新就无法经络流通，以太不日新万物就无法存在。显然，谭嗣同这里讲的日新就是变化的意思。谭嗣同这样的说法并非只是为了抽象地讲日新这样一个概念，而是为了论证维新变法的合理性，要为维新变法提供理论依据。换言之，如果世界万物的存在方式是运动变化的，是不断日新的，那么变法就是必要的、合理的。谭嗣同对日新的肯定，间接地肯定了维新变法的必要性、合理性。因此，谭嗣同称那些"断断然曰不当变法"的顽固派为"守旧之鄙生"。[①]

谭嗣同认为，只有秉承日新之德，推动维新变法，国家才能强盛。

在谭嗣同看来，欧美国家之所以兴盛，是因为其日日变革更新。日本效法欧美国家，更新其衣食嗜好，也逐渐走向兴盛。而亚非澳三洲，因守旧好古而走向衰亡。中国守旧好古，不能日新，使亡国迫在眉睫。显然，谭嗣同的日新观念，是用来论证其维新变法的合理性的，是其维新变法的重要理论依据。

[①] 谭嗣同：《仁学》，《谭嗣同全集》，李敖主编，天津古籍出版社2016年版，第30页。

第三节　西方科学对谭嗣同维新儒学的影响

一　西方科学对谭嗣同变法主张的影响

作为维新派的代表人物之一，谭嗣同提出了自己的变法主张。大致来说，包括政治层面的、经济层面的、文化层面的。而这些主张，均与西方科学有着密切的关系。

1. 西方科学与谭嗣同的政治主张

前文已述，谭嗣同在政治上向往西方的议会制度，试图通过大兴学会来模仿议会制度，即"无议院之名而有议院之实"。就学会的组织形式而言，谭嗣同的学会有如下特征：第一，各个行政区级皆有学会。省级设有总学会，府厅州级设有分学会，县级再设分学会，由总学会领导分学会；第二，学会成员由总督、巡抚、学政及地方绅士构成；各分学会可以推荐优秀人才进入总学会；第三，学会有议事的功能。官员想做某项决定先经过学会讨论，"议定而后行"，由学会讨论通过之后才能实施；同样，百姓有什么诉求可以通过学会向上传达，由分学会上报总学会，总学会讨论通过之后再施行。

就学会的作用而言，谭嗣同为其学会设定了如下功能：第一，选拔人才的功能。晚清有一种取士制度叫"保举制"，即被保举者出钱捐官。由于每年捐官的人多而岗位又有限，所以许多捐官的人一直等一个工作岗位。谭嗣同认为这样选不出有用的人才，主张将总学会打造为候补官之地，在总学会设仕学一科，让候补官在总学会学习。到年底，由学会的会众及众绅士集体评估，合格则用之，不合格则不用。第二，立法的功能。谭嗣同认为，官吏无法可依是一个严重的问题，需要制定详尽的法律，谭嗣同建议由学会来完成这一任务。

议会制度最早起源于英国，是国家的最高权力机关，其成员由其所属地区的代表组成，这些代表可以是选举产生的，也可以是委任的。通常，议会具有以下功能：第一，立法权，即制定法律、修改法律以及废除法律的权力；第二，财政权，即财政预算和财政监督的权力；第三，行政监督权，对政府日常事务进行监督。从功能上看，学会和议会有着一定的相似性。首先，学会也有一定的立法权；其次，学会也有一定的财政权，凡是对百姓生计有用的，都可以由学会来讨论；最后，学会也有一定的监督权，大量事务先由学会讨论决定，这也包含了某种监督。因此，谭嗣同宣称其学会"无议院之名而有议院之实"。

与西方议会制度不同的是，谭嗣同的学会不仅是一个政治性质的机构，还是一个学习、引进、传播西方科学的学术性质的机构。谭嗣同说："今之所谓学会，民以其学来会也。"① 又说：

> 有会则必先有学，若农学，若工学，若商学，若矿学，若医学，若凡天地化电图算格致诸学，无一不当有会，而统之于总学会与分学会。②

显然，谭嗣同的学会还有学习西方科学的功能，农学、工学、商学、矿学、医学、化学、电学、几何学、数学等西方科学皆在其范围之内。

谭嗣同将其设想在南学会中付诸实践。在南学会举办的历次讲学中，大量包含了对西方科学的宣讲。如杨自超讲"论地球行星绕日"，邹代钧讲"论舆地经纬度之理"，黄遵宪讲"说知觉不在心而在脑"等。就谭嗣同而言，其在南学会的宣讲，涉及了诸多西方科学的内容。同时，二先生的《谭嗣同全集》还收录了三篇谭嗣同的问答录，其中一篇是答杨昌济的，两篇是答毕永年的。从上述文献中，可以明显看出谭嗣同对西方科学的大力宣传，也说明谭嗣同所设想的学会的确有传播西方科学的功能。

在《论今日西学与中国古学》中，谭嗣同讲了一些天文学知识，

---

① 谭嗣同：《壮飞楼治事十篇》，《谭嗣同全集》，李敖主编，天津古籍出版社2016年版，第86页。
② 谭嗣同：《壮飞楼治事十篇》，《谭嗣同全集》，李敖主编，天津古籍出版社2016年版，第82页。

包括地球为圆形、日心说、八大行星等。谭嗣同还坚持日心说的观点，认为是地球绕太阳转而非太阳绕地球转。在《论学者不当骄人》中，谭嗣同强调自然科学可以救国。谭嗣同认为，"大凡有学问之人，性能制伏无学问之人，而无学问之人，自然不能受制，此世界上之公理出。"[①] 因此，谭嗣同强调，要挽救晚清之时局，关键是要研究学问。研究学问，这也正是南学会成立的动机之一。那么，谭嗣同所说的"学问"到底指什么呢？谭嗣同说："鄙人深愿诸君都讲究学问，则我国亦必赖以不亡。所谓学问者，政治、法律、农、矿、工、商、医、兵、声、光、化、电、图、算皆是也。"[②] 显然，在谭嗣同这里，学问指的是以自然科学为主的西学。在《论全体学》中，谭嗣同讲了一些以人体解剖学为主的医学知识，同时也纠正了许多中医理论在人体器官方面的错误认识。主要包括以下几个方面：第一，思维器官在脑不在心；第二，指出了心、肝、肺在身体中的位置及特征；第三，指出脾、胃、胆和小肠的位置和特征。

前文已述，谭嗣同的学会是模仿西方的议会制度而设置。但是，其学会还有另外一个重要功能，即对西方科学的传播，这是西方的议会制度所没有的功能。这说明，西方科学对谭嗣同的影响渗透到了其政治层面的制度设计当中。进一步说，在维新变法的政治主张的提出过程中，西方科学始终是谭嗣同考虑的一个重要因素。

2. 西方科学与谭嗣同的经济主张

谭嗣同重视西方科学，在其变法改良的设想中，始终将西方科学的因素考虑在内。就经济层面的主张而言，西方科学也为谭嗣同的思考与决策起了不小的作用。

晚清时期，正是西方资本主义迅速崛起之时，西方国家借其军事、科技优势对中国大肆进行经济掠夺。谭嗣同感觉到了这种经济危机，认为不进行经济方面的改革是不行的。他说：

[①] 谭嗣同：《南学会讲义》，《谭嗣同全集》下册，蔡尚思、方行编，中华书局1981年版，第402页。

[②] 谭嗣同：《南学会讲义》，《谭嗣同全集》下册，蔡尚思、方行编，中华书局1981年版，第403页。

第五章　西方科学与谭嗣同维新儒学的建构

> 西人以商战为国，然所以为战者，即所以为商。以商为战，足灭人之国于无形。①

既然西方人以商灭他人之国，那么我们不与之通商不就行了吗？的确，晚清时期有这样的声音。不少人主张闭关绝市，加强海防。对于这样的主张，谭嗣同坚决反对。谭嗣同认为，既然我们无法阻止西方列强入境，更无法真正做到闭关绝市，那就不如"奋兴商务"。谭嗣同说：

> 今欲闭关绝市，既终天地无此一日，则不能不奋兴商务，即以其人之矛，转刺其人之盾，岂一战能了者乎？②

谭嗣同意识到，要阻止西方列强的经济掠夺，闭关绝市是行不通的。只有"奋兴商务"，才能有效避免这种被动局面。而要"奋兴商务"，离不开西方科学的引进与学习。

晚清政府统治下的中国，因生产落后，可出口之货物少之又少，这使在与西方国家的贸易往来中持续赤字。不少反对者认为，通商使中国大量白银外流，这样会导致中国更加贫困。谭嗣同反对这种观点，他说："故通商者，相仁之道也，两利之道也，客固利，主尤利也。"③ 之所以会出现贸易赤字是因为"工艺不兴，商贾不恤"。

正常的通商，是互利互惠的，金银只是交换的工具，购买中输出的金银在销售中还会收回来。但是，由于晚清政府统治下的中国"工艺不兴，商贾不恤"，生产力落后以至于货物匮乏，所以购买远远大于销售。这使晚清政府统治下的中国在对外贸易的过程中处处失利、

---

① 谭嗣同：《思纬氤氲台短书——报贝元征》，《谭嗣同全集》，李敖主编，天津古籍出版社2016年版，第409页。
② 谭嗣同：《思纬氤氲台短书——报贝元征》，《谭嗣同全集》，李敖主编，天津古籍出版社2016年版，第409页。
③ 谭嗣同：《仁学》，《谭嗣同全集》，李敖主编，天津古籍出版社2016年版，第38页。

白银外流。

为了"奋兴商务",谭嗣同提出了自己的主张。谭嗣同说:

> 为今之策,上焉者,奖工艺,惠商贾,速制造,蓄货物,而尤扼重于开矿。庶彼仁我,而我亦有以仁彼。能仁人,斯财均,而己亦不困矣。次之,力即不足仁彼,而先求自仁,亦省彼之仁我。不甘受人仁者,始能仁人。①

谭嗣同所说的"仁"即通商之意,"仁人"即与人通商,进一步说即销售货物与人。谭嗣同在这里给出了"奋兴商务"的两条策略:一是通过奖工艺、惠商贾、速制造、蓄货物、开矿产等方式,带动对外销售;二是扩大对外采购。谭嗣同的设想是先大力采购,通过采购来进一步加强生产。进一步说,谭嗣同"奋兴商务"的策略包括两个层面的:一是政策方面的,如惠商贾;二是科技方面的,如奖工艺、速制造以及开矿。奖工艺、速制造以及开矿都需要引进西方科学,这意味着要"奋兴商务"就必须引进西方科学。

总之,面对西方列强的经济掠夺,谭嗣同反对闭关绝市,主张"奋兴商务"。而要"奋兴商务",就必须引进西方科学。这说明,在谭嗣同的经济主张中,天然地包含着引进西方科学的诉求,西方科学与谭嗣同经济主张的提出同样有着密切的联系。

3. 西方科学与谭嗣同的文化主张

如果说西方科学对谭嗣同政治、经济方面的变革思想的影响是间接的,那么其在文化层面的影响则是直接的。首先,西方自然科学激起了谭嗣同变革科举的动机;其次,西方科学是谭嗣同所设想的学校的教学内容之一。

谭嗣同主张变科举的原因是多方面的,但就西方科学的影响而言,主要体现在以下几个方面:首先,从学术效用的角度讲,谭嗣同看到传统科举考察的内容在与西方科学的对比中相形见绌;其次,从

---

① 谭嗣同:《仁学》,《谭嗣同全集》,李敖主编,天津古籍出版社2016年版,第41页。

人才培养的角度讲,谭嗣同看到传统科举制度培养不出时代所需要的人才。

谭嗣同认为,在科举制度之下,读书人所学皆虚而不实,其心中只思状元宰相,对于西方先进的科学技术一无所知。谭嗣同甚至认为,八股取士所选之人才,均是些一无所长的废物。他说:

> 此物此志也,何令早数十年变科举如西法之依于事实,舍此更无出身之阶……何至如今日一无所长,而流为废物。①

甲午海战失利之后,不少人认为这是数十年间大搞洋务运动造成的。对此,谭嗣同激烈反对。

在谭嗣同看来,洋务有本有末,轮船、电线、枪炮等自然科学技术皆为洋务之枝叶,并未触及洋务之根本。就算是作为洋务之枝叶的西方科学,也没有学精。因此,谭嗣同强调中国数十年来根本没有洋务,所谓"今日之祸皆由数十年之讲洋务"更是无稽之谈。顽固派反对洋务,更耻于谈洋务,这一点谭嗣同心知肚明。他说:"且惟数十年七君子徒尚空谈,清流养望,以办洋务为降志辱身,稍知愧耻者,至不敢与办洋务者通往来。"②谭嗣同激烈地批判顽固分子,认为这些人迂腐保守、空谈误国。

顽固派反对洋务,又主张对外开战,可是没有科学技术作支撑,如何与之开战?这是顽固派不予考虑的,也是谭嗣同深以为忧的。因此,谭嗣同对科举制度培养的士人怀有深深的忧虑,认为今日(晚清)变法,首要之务在于兴人才,而兴人才的关键在于变科举。

谭嗣同主张变科举,其原因是多方面的,但西方科学着实起了非常重要的作用。可以说,在与西方科学的对比下,谭嗣同注意到传统八股取士制度所选的人才思想保守、迂腐不堪、反对洋务、反对科学

---

① 谭嗣同:《思纬氤氲台短书——报贝元征》,《谭嗣同全集》,李敖主编,天津古籍出版社2016年版,第391页。

② 谭嗣同:《兴算学议》,《谭嗣同全集》,李敖主编,天津古籍出版社2016年版,第285页。

的事实。这样的人怎么能够力挽时局？所以，谭嗣同主张变法先从士开始，从士开始就先变科举制度。可以说，西方自然科学的传入，直接激发了谭嗣同变科举的主张。

谭嗣同主张变科举，首先是要改变原来的考察内容，使"人人自占一门，争自奋于实学"。谭嗣同认为，传统八股取士误国误民，早就该改革了。

在谭嗣同看来，传统科举取士制度不"依于实事"，所学皆虚，不能解决实际问题，所以其所选士人皆"一无所长而流为废物"，这都是因为科举取士造成的。谭嗣同所说的"实学"，是指公法条约、使务、界务、商务、农务、税务、矿务、天文、舆地、测绘、航海、兵、刑、医、牧、方言、算数、制器、格致等以自然科学为主的西学。

谭嗣同主张变科举的另一举措即兴学校。前文已述，在《思纬氤氲台短书——报贝元征》一文中，谭嗣同曾经提出自己兴学校的七条方案。在这七条方案中，第四条方案规定学校的入学考试内容当为实实在在的学问，可以检验真伪、区别高下的学问。

显然，这里面有着对西方科学的诉求。算学、船学、医学、汽机学、天文测量，均属于西方科学的范畴。谭嗣同要求学校以此作为入学考试的内容，说明在谭嗣同所设想的学校中，西方科学是其学校教学的重要内容之一。

在谭嗣同所提出的七条兴学校的方案中，第六条规定学生经学校考核合格之后可以按专业就业。谭嗣同说：

> 考政学文学者官内部；考算学理财者官户部；考兵学者是官海军陆军部；考法律者官刑部；考机器者掌机局；考测绘者舆图；考轮船者航江海；考矿学者司煤铁；考公法者充使臣；考农桑者列农部；考医学者入医院；考商务者为商官。①

---

① 谭嗣同：《思纬氤氲台短书——报贝元征》，《谭嗣同全集》，李敖主编，天津古籍出版社2016年版，第393—394页。

显然，这里面也包含着对西方科学的诉求。算学、兵学、机器、测绘、轮船、矿学、农桑、医学，均属于西方科学的范畴。谭嗣同要求学生毕业时由学校考核上述内容，说明这些科目正是谭嗣同所设想的学校的教学内容。

二 西方科学对谭嗣同变法依据的影响

前文已述，为谭嗣同的变法主张提供理论依据的主要有四个范畴：一是夷夏观念；二是进化观念；三是仁通观念；四是日新观念。而谭嗣同对这四个观念的阐释，都不同程度地受到了西方科学的影响。

1. 西方科学与谭嗣同的夷夏观念

夷夏之辨，本质上是中西之间孰优孰劣的问题。顽固派坚持认为无论是儒家传统的伦理纲常还是自然科学，中国都是高人一筹。就自然科学而言，顽固派甚至是洋务派，都坚持"西学中源"说。基于这样的认识，顽固派拒绝学习西方科学，拒绝改制变法，这对于维新派而言是一个很大的理论障碍。显然，要解决这个问题，必须提出新的夷夏观。就谭嗣同而言，为了维新变法的有序推进，他不得不提出新的夷夏观，强调夷夏平等，主张向西方学习。

在谭嗣同论证夷夏平等的过程中，西方科学尤其是地理学知识起了十分重要的作用。在为南学会作的第五次演讲"论学者不当骄人"中，谭嗣同用其所掌握的地理学知识论证了夷夏平等的观点。谭嗣同指出，一个圆形的地球很难说哪里是其中心。只有南北二极之地，可以勉强说其为地球的中点。如果要以地理位置说地球上某一国为中国，也应该将南北二极之处的国家称为中国。可是，地球上的南北二极又无人居住。中国位于地球上的北温带，何以能够自称为中国呢？谭嗣同认为，中国之所以自称为中国，不过是以自己为中心的一种说法。凡是在中国版图之内，则称为中国。同样，美国、法国、英国、德国、俄国等，也必然以其国为中，以他国为外。这样的称呼不过是各国通用的一种说法而已！不能因为自称中国就骄傲自大。谭嗣同进而指出，中国与夷狄的真正区别在于文明教化之程度，不在于地理位置。否则，春秋时期湖南一带也是夷狄。

显然，西方科学为谭嗣同这样的论证提供了理论依据。谭嗣同首先用其所掌握的地理学知识分析了"中国"之"中"的含义，指出地球上本无绝对的"中"。若非要找一个绝对的"中"，则只有南北二极符合条件。进而，谭嗣同指出"中"不过一参照系，并没有高下之别，不能"援此以骄人"。因此，夷狄与华夏之别不在于地理位置，而在于文明程度。谭嗣同通过其对地球之中心的分析，突破了原有的夷夏之防，提出夷夏平等的观念。

在《论今日西学与中国古学》一文中，谭嗣同通过对宇宙天体结构的分析，意识到了地球不过是宇宙中一个普通的星球，而地球上所居住之生物也各自平等，没有什么特殊之处。所以，"不必惊疑骇异，夜郎吾国而禽兽他人矣"，这里也涉及了夷夏观念。通过这样一个科学事实，谭嗣同意识到凡地球之上的人，无论是西方人还是中国人，都是平等的，夷夏之别是没有必要的。

谭嗣同的夷夏平等在《仁学》中也有所体现。谭嗣同说："仁以通为第一义。"又说："通之象为平等。"在对通的四种解释中，谭嗣同提出的"中外通"也就是中外平等，进一步说即夷夏平等。那么，谭嗣同又是如何论证夷夏平等的呢？谭嗣同认为，宇宙间一切东西，大到天体小到原质（元素）都是由"以太"构成。"以太"是宇宙中最小的不可分的微粒。这种微粒既有物质属性，又有精神属性。就人的身体而言，这种精神属性体现为脑及全身的神经，就宇宙虚空而言，这种精神属性体现为电。人的大脑及电都是由"以太"构成的，脑和电是同一种东西，所以可以相互感应。人身体自身因为"以太"的原因，某处痛痒大脑即刻可知；人与人之间也因为"以太"的作用而可以互相感应；人与天地万物之间可以相互感应。用谭嗣同的话说即"当知电气通天地万物人我为一身也"[①]。既然我与别人，与天地万物为一身，那么我与人当然平等，我与天地万物当然平等。"中外通"也就理所当然了，夷夏平等也就不证自明了。显然，谭嗣同这里的"中外通"是通过"以太""电"这样的西方科学概念来论证的，

---

① 谭嗣同：《仁学》，《谭嗣同全集》，李敖主编，天津古籍出版社2016年版，第8页。

西方科学在这里为夷夏平等的论证提供了论据。

2. 西方科学与谭嗣同的进化观念

进化观念是维新儒学的一个重要范畴,谭嗣同对此也有深刻的阐述。谭嗣同的进化观念与西方科学尤其是生物进化论有着密切的关系。

在《石菊影庐笔识·思篇》中,谭嗣同给出了一个生物进化的链条:螺蛤→鱼→蛇龟→鸟兽→自然人→经圣人教化后的人。人类是自然界不断进化的结果,而且人出现之后还要经由圣人的教化才能摆脱初生的自然状态。谭嗣同的这样一个生物进化链条,只是讲了生物出现的时间秩序,并未说螺蛤、鱼、蛇龟、鸟兽及人之间的进化关系。因此,这里面有进化的观念在里面,但是还未看出达尔文生物进化论的因素。

真正有了达尔文生物进化论的因素的进化思想体现在其《仁学》中。在其《仁学》中,谭嗣同给出了一个更加明晰的进化链条:水泡→土→细菌→微生物→螺、蛤、蛇、龟→鸟类→猩猩和猿→人类。谭嗣同这样一个设想,明显有达尔文进化论思想的因素在里边。因为,从猿到人是达尔文生物进化论的观点,谭嗣同不会凭空而造。

显然,谭嗣同对西方的生物进化论是熟悉的。前文已述,中国古代也有自己的进化观念,这种进化观念主要体现在其循环史观中,即认为历史的进化是一个循环往复的过程。而西方的进化观念基于生物进化论,强调进化的不断向前,永无止境。可以说,中西进化观念的区别就在于进化有无循环论的特征。就谭嗣同的进化观念而言,无论其提出的"逆三世"还是"顺三世"之说,都强调进化的不断向前,并无循环之意。这说明,谭嗣同的进化观念是突破了传统的循环论的,与西方进化观念有着相似之处。结合其熟悉西方生物进化论的事实,可以肯定的是谭嗣同的进化观念与西方科学尤其是生物进化论有着密切的联系。

3. 西方科学与谭嗣同的仁通观念

仁通,是"仁以通为第一义"的概括,是谭嗣同论证维新变法合理性的重要依据,也是其维新儒学的重要范畴之一。谭嗣同对仁通观念的阐释，与西方科学有着密切的联系。

以太（Ether），是近代西方物理学的一个重要概念。最早将"以太"这一概念传入中国的是《声学》（英国田大里 John Tyndall 撰，傅兰雅译，徐建寅述，1874年刊）一书，书中将"以太"视为声音传播的某种介质。又有《光学》（英国田大里 John Tyndall 撰，金楷理译，赵元益述，1876年刊）一书，也使用了"以太"这一概念。书中将"Ether"译为"传光气"，可见"以太"在这里又被视为光线传播的某种介质。前文已述，谭嗣同于1893年路经上海时大量购买了江南制造局翻译的自然科学书籍，这两部书分别出版于1874年、1876年，因此这两部书一定在谭嗣同的采购之列。结合谭嗣同在其文章（如《论电灯之益》）中对声学、光学知识的应用及介绍，谭嗣同一定读过这两本书。谭嗣同将"以太"这一概念的应用范围进一步扩张，不仅用其来解释物质世界，而且还用其解释精神领域。

在谭嗣同看来，"以太"是宇宙中不可分的最小微粒，小至人的身体，大至宇宙天体，皆由"以太"构成。同时，"以太"也是世界之所以如此的原因，如五官何以能够工作、宇宙天体何以能够构成一个相互吸引而又稳定的世界等。因此，谭嗣同认为"学者第一当认明以太之体与用，始可与言仁"[①]。谭嗣同讲的仁有两层含义：一是"一身之仁"，即伤一指而全身感觉不适之仁；二是"天地之仁"，即感觉到天地万物人我为一身之仁。手指受伤全身为什么会感到不适呢？谭嗣同认为这是因为"以太""电"的原因。

在谭嗣同的思想体系中，"以太"是构成世界万物的最小微粒，这种微粒不仅仅是一种物质性的东西，它还有精神性。这种精神性体现在人身上即为大脑，体现在虚空中则为电。脑和电都是由"以太"构成的，是同一种东西，"脑为有形质之电，是电必为无形质之脑。人知脑气筋通五官百骸为一身，即当知电气通天地万物人我为一身也"[②]。身体之所以有痛痒，是因为身体脑气筋如电线般布满全身，某

[①] 谭嗣同：《仁学》，《谭嗣同全集》，李敖主编，天津古籍出版社2016年版，第8页。
[②] 谭嗣同：《仁学》，《谭嗣同全集》，李敖主编，天津古籍出版社2016年版，第8页。

处痛痒即刻可将信息传至大脑。

同样，天地万物人我也皆是由"以太"构成，"以太"在虚空中体现为电，在人身体中体现为脑、脑气筋，电和脑是一种东西。这意味着，人与天地万物可以感通。谭嗣同说：

> 人知脑气筋通五官百骸为一身，即当知电气通天地万物人我为一身也。是故发一念，诚不诚，十手十目严之；出一言，善不善，千里之外应之。①

天地万物人我皆是由"以太"构成的，"以太"不仅是一种物质性的东西，还有精神因素，这种精神因素体现在人身上为脑，体现在物身上为电，脑和电也是同一种东西。因此，人与人之间有感应，人与物之间也有某种感应。正因为人与人、人与物之间有感应，所以谭嗣同提出"心力"这个概念。"心力"能够使人与我同念，其物质基础还是"以太"。

谭嗣同通过"以太"这个概念论证了"一身之仁"与"天地之仁"何以可能的问题，实质上也就给出了仁的基本内涵："仁以通为第一义。"既然人的身体如电线般布满脑气筋，而脑气筋又是电，又是"以太"，所以某处痛痒大脑必然知之，否则即为不仁。同样，既然天地万物人我皆由"以太"构成，"以太"又是电又是脑，所以我与人与天地万物皆可感应，否则就是不仁。"以太"这个概念使我与人通，我与天地万物皆通。用谭嗣同的话说："夫仁，以太之用，而天地万物由之以生，由之以通。"② 也正因为如此，仁与不仁的关键就成了通与不通。谭嗣同说："是故仁不仁之辨，于其通与塞；通塞之本，惟其仁不仁。通者如电线四达，无远弗届，异域如一身也。"③

谭嗣同对仁通观念的论证可概括为如下思路："以太"是构成万

---

① 谭嗣同：《仁学》，《谭嗣同全集》，李敖主编，天津古籍出版社2016年版，第8—9页。
② 谭嗣同：《仁学》，《谭嗣同全集》，李敖主编，天津古籍出版社2016年版，第10页。
③ 谭嗣同：《仁学》，《谭嗣同全集》，李敖主编，天津古籍出版社2016年版，第9页。

物的基本微粒→"以太"在人身为脑,在虚空为电,"脑即电"→"电气通天地万物人我为一身"→"一身之仁""天地之仁"→仁即通。天地万物皆由"以太"这种不可分割的最小微粒构成,这种微粒在人身上体现为脑气筋,在虚空中体现为电,脑气筋和电是同一种东西。因此,通天地万物人我皆是"以太"。于是,人身上某处痛痒,大脑即刻知之,是为"一身之仁";世间万物发生变化,人即可感应,是为"天地之仁"。基于这样的理论架构,谭嗣同得出"仁以通为第一义"这样的结论。前文已述,谭嗣同在政治上主张上下通情,在经济上主张自由通商,在文化上主张中西通学。谭嗣同以通解释仁,意味着上下通情、自由通商、中西通学是儒家仁观念的必然要求,否则就是不仁。于是,儒家仁观念通过谭嗣同对通这一含义的强调,使其成为维新变法的理论依据。

谭嗣同借用西方科学中"以太"这一概念来论证其仁通观念,是西方科学参与维新儒学建构的一个极为典型的例子。"以太"为谭嗣同仁通观念的论证,提供了论据。

4. 西方科学与谭嗣同的日新观念

日新观念也是维新儒学的一个重要范畴,他强调万事万物的变动不居,强调社会的进化,反对拘泥古法,是维新变法的重要理论依据。可以说,日新观念是变易观念的另一种表达。谭嗣同的日新观念,与西方科学有着密切的联系。

谭嗣同知道地球在宇宙天体中的位置,也知道地球的自转、公转形成了昼夜寒暑之别。在《石菊影庐笔识·思篇》中,谭嗣同概括了自己的学习心得。谭嗣同说:

> 地球五星绕日而行,月又绕地球而行,此由寒暑昼夜交会晦蚀,推而得之。五星复各有月绕之而行,其余众星亦各为所绕而行之日,各有绕之而行之月。[①]

[①] 谭嗣同:《石菊影庐笔识·思篇》,《谭嗣同全集》,李敖主编,天津古籍出版社2016年版,第240页。

第五章　西方科学与谭嗣同维新儒学的建构 | 167

谭嗣同在这里描述出了宇宙天体之间的动态平衡，地球及五星绕太阳转，月球绕地球转，五星周围又有类似于月球的星球绕其运行。至于宇宙中其他星球，都有类似于太阳的被绕行者，也都有类似于月亮的绕行者。作为一个儒家学者，谭嗣同的最终目标当然不会停留在对宇宙天体结构的了解上，而是要以此为依据为自己的维新儒学提供素材。在南学会的讲座上，谭嗣同发表了名为《论今日西学与中国古学》的演讲，在强调了宇宙天体的变动不居之后。谭嗣同说：

　　诸君但先讲明此理，则知吾身所附丽之地球，本变动不居，而凡泥不变之说者为逆天矣。①

这里的"不变之说"既可以指科学意义上的地球不动，也可指哲学意义上的"天不变道亦不变"，这里的"逆天"指的是有违天道。谭嗣同通过地球变动的事实强调了自己的变易观点，进而上升到哲学意义上的变易观念，而这种观点正是维新儒学所强调的。谭嗣同通过宇宙天体"变动不居"的事实推出万物运动变化这哲学观点，进而指出持"不变之说"者乃"逆天"之举。进一步说，谭嗣同的推导过程可概括为：宇宙天体"变动不居"→万物运动变化→持"不变之说"者乃"逆天"之举→维新变法是合理的。显然，自然科学为谭嗣同的日新观念提供了论据。

在《仁学》中，谭嗣同还为其日新观念找到了新的理论依据。谭嗣同说："日新乌乎本？曰：以太之动机而已矣。"② 又说："以太之动机，以成乎日新之变化，夫固未有能遏之者也！"③ 日新强调的是天地万物的变易、进化，这与"以太"又有什么关系呢？

谭嗣同认为，宇宙万物都是由原质组成的，而原质又是由"以太"组成的，所以"以太"又被称为"原质之原"。谭嗣同说："然

---

① 谭嗣同：《论今日西学与中国古学》，《谭嗣同全集》，李敖主编，天津古籍出版社2016年版，第117页。
② 谭嗣同：《仁学》，《谭嗣同全集》，李敖主编，天津古籍出版社2016年版，第31页。
③ 谭嗣同：《仁学》，《谭嗣同全集》，李敖主编，天津古籍出版社2016年版，第32页。

原质犹有六十四之异，至于原质之原，则一以太而已矣。"① 又说："剖某质点一小分，以至于无，察其为何物所凝结，曰惟以太。"② 也就是说，"以太"是构成宇宙万物的不可分割的最小单位，或者说是构成宇宙万物的根本质料。宇宙万物的生成是由于原质的组合，宇宙万物的毁灭是由于原质的分散，进一步说即"以太"的组合与分散构成了万物的生成与毁灭。所以，宇宙万物没有真正的生灭，无非是"以太"的组合与分散而已。

原质的组成与分解，原质的不同组合比例都会决定某物的属性，宇宙万物的千变万化也因此而形成。尽管如此，原质本身既无增减也无变化。谭嗣同认为，尽管原质已经解释了千变万化的宇宙，但是还不够彻底，原质又是由什么构成的呢？谭嗣同追溯到了"以太"，认为"以太"是"原质之原"。这样的话，原质的组合与分解就变成了"以太"的组合与分解。进一步说，是"以太"的不断运动决定了宇宙万物的生成变化。

可是，"以太"为什么会运动呢？谭嗣同认为，"微生灭"是"以太"的存在方式。所谓"微生灭"，就是"以太"自己的生灭运动，由于其自身的生灭速度非常快，所以即生即灭，以至于不生不灭。但是，这却是"以太"运动的原因。如电灯一闪一亮，如果频率高到无法分辨何时灭、何时亮的情况下，看起来就是一直亮着的。"以太"自身的生灭也处在极高的频率之中，所以"微生灭"就成了不生不灭。

"以太"的生与灭其间隔微之又微以至于连微的间隔都没有，密之又密以至于连密的间隔都没有，所以"以太"的生与灭合而为一。

总之，谭嗣同认为，宇宙万物由原质构成，原质又由"以太"构成。宇宙万物的生成变化是由于原质的分解与化合，而原质的分解与化合是由于"以太"的运动。"以太"之所以运动，是因为"微生

---

① 谭嗣同：《仁学》，《谭嗣同全集》下册，蔡尚思、方行编，中华书局1981年版，第306页。

② 谭嗣同：《仁学》，《谭嗣同全集》下册，蔡尚思、方行编，中华书局1981年版，第294页。

灭"是"以太"自身的存在方式。所谓"微生灭"就是"以太"的生灭变化，由于其生灭速度高到极限，所以显现为不生不灭。就像电灯高频率地一亮一灭时，人看起来永远是亮的。于是就有了"微生灭"即"不生不灭"，事实上"微生灭"是有生有灭的。由于"以太"的生灭，所以有了原质的分解与化合，进而有了宇宙万物的生成变化。宇宙万物的生成变化，就是谭嗣同所说的日新。谭嗣同的推导过程可以概括为："以太"不断变化→原质不断变化→万物不断变化（日新）→维新变法的合理性。显然，谭嗣同的日新观念，是通过西方科学的概念"以太"来论证的，"以太"在这里为其日新观念提供了理论依据。

第六章　回顾与反思

前文在什么是维新儒学的基础上，分别介绍了西方科学与康有为维新儒学的关系，介绍了西方科学与梁启超维新儒学的关系，介绍了西方科学与谭嗣同维新儒学的关系。本章则试图基于前文的研究对儒学与西方科学的关系进行进一步的回顾与反思。

第一节　维新儒学对西方科学的吸收

在维新儒学的建构过程中，大量吸收了西方科学的成果。这主要体现在两个方面：一是维新儒学的变法主张中包含着引进西方科学的诉求；二是维新儒学的变法依据中大量包含着来自西方科学的论据。

一　维新儒学的变法主张中包含着引进西方科学的诉求

前文已述，维新儒学包括两个维度：一是维新变法的基本主张；二是维新变法的理论依据。就维新变法的基本主张而言，不论是政治层面的、经济层面的还是文化层面的，都天然地包含着引进西方科学的诉求。

以康有为为例，君主立宪是其政治层面的变法主张。在《谢赏编书银两乞预定开国会期并先选才议政许民上言事折》中，康有为强调欧洲、日本之强大就在于其能立宪法、开国会。因此，在这封奏折中，康有为劝光绪帝"定立宪为国体，预定国会之期，明诏布告天下"[1]。康

---

[1] 康有为：《谢赏编书银两乞预定开国会期并先选才议政许民上言事折》，《康有为全集》第四集，姜义华、张荣华编校，中国人民大学出版社2007年版，第389页。

有为进一步指出，宪法、国会条例繁杂，非一时能够达到，因此在未开国会之前，先采国会之意。那么，具体如何采国会之意呢？康有为提出设制度局的主张。康有为所说的制度局由总局和十二分局构成。总局设在皇帝身边，其职责是议定新政；十二分局的责任是推行新政。而在其所设定的十二分局中，学校局、农局、工局、铁路局、矿务局、海军局等均与西方科学有着密切的联系。

在康有为的设想中，学校局的职责是建立大学、中学、小学，培养海军、陆军、医学、法律、师范等领域的人才并翻译所需西学书籍；农局的职责是判断土地之性质，看其适合耕种、林木、养殖还是畜牧等，以求将土地的作用发挥到最大；机器局的职责是鼓励国人在船舶、市场、桥梁、堤岸、道路等方面的发明；铁路局的职责是规划、设计全国的铁路修筑；矿务局的职责是负责开发矿产、收矿税、推广矿学等；海军局的职责是练海军。康有为所设的这些制度局，要么是推广西方科学，要么是应用西方科学。显然，在康有为的政治改革方案中，天然地包含着引进西方科学的诉求。

以梁启超为例，变科举是其文化层面的主张。就如何变科举而言，梁启超提出了三项主张：一是"合科举于学校"；二是"多设诸科"；三是"略变其取士之具"。

所谓"合科举于学校"，即让学校不仅有培养人才的功能，还有类似于科举的选拔人才的功能。所谓"多设诸科"，是指在无法"合科举于学校"的情况下，多设科目与帖括一科并行。梁启超建议在原来考察科目的基础上再设明经、明算、明字、明法、绝域、通礼、技艺、学究、明医、兵法等科目，以便迅速增加人才的数量。在这诸多科目当中，明算、技艺、明医、兵法等科目与西方科学有着密切的联系。明算即数学，技艺既包括自然科学也包括以机器制造为主的科学技术，明医即现代医学，兵学要求懂船械制造。所谓"略变取士之具"，即在原有科举之法的基础之上，改变其考察内容。梁启超试图在科举考察内容上增加算法、格致等诸多自然科学的内容，还专门设一场考试考察天、算、地、舆、声、光、化、电等自然科学。这说明，在梁启超变科举的变法主张中，也天然地包含着引进西方科学的诉求。

谭嗣同重视西方科学，在其变法改良的设想中，始终将西方科学的因素考虑在内。就经济层面的主张而言，西方科学也为谭嗣同的思考与决策起了不小的作用。晚清时期，正是西方资本主义迅速崛起之时，西方国家借其军事、科技优势对中国大肆进行经济掠夺。在这种情况下，不少人主张闭关绝市，加强海防。谭嗣同认为，要阻止西方列强的经济掠夺，闭关绝市是行不通的。只有"奋兴商务"，才能有效避免这种被动局面。谭嗣同给出了"奋兴商务"的两条策略：一是通过奖工艺、惠商贾、速制造、蓄货物、开矿产等方式，带动对外销售；二是扩大对外采购。进一步说，谭嗣同"奋兴商务"的策略包括两个层面的：一是政策方面的，如惠商贾；二是科技方面的，如奖工艺、速制造以及开矿。奖工艺、速制造以及开矿都需要引进西方科学，这意味着要"奋兴商务"就必须引进西方科学。这说明，在谭嗣同的经济主张中，也天然地包含着引进西方科学的诉求。

总之，作为维新儒学的重要维度之一，维新变法的基本主张中天然地包含着引进西方科学的诉求。这充分说明，在维新儒学的建构过程中，西方科学始终是维新派考虑的重要因素之一，西方科学参与了维新儒学的建构。

二　维新变法的理论依据中包含着来自西方科学的论据

前文已述，维新儒学包括两个维度：一是维新变法的基本主张；二是维新变法的理论依据。就维新变法的理论依据而言，诸多范畴的论证都包含着来自西方科学的论据。

以康有为为例，其三世进化说就是在对西方进化论的吸收中形成的。中国的传统进化观念带有循环论的特征，而西方的进化论则强调进化的不断向前、永无止境。康有为的三世进化说强调人类社会由据乱世到升平世再到太平世，从君主制到立宪制再到民主制的不断进化。与中国传统的进化观念相比，康有为的三世进化说强调进化的不断向前、不可逆转，这是其区别于传统进化观念的最大特征。前文已述，康有为在提出其三世进化说之前，就已经熟悉西方地质学著作《地学浅释》，了解了西方的生物进化论。这意味着，康有为的三世进化说是在吸收西方科学尤其是生物进化论的基础上提出来的。

以梁启超为例,其变易观念的提出,也是在对西方科学的吸收中形成的。在《说动》一文中,梁启超基于其掌握的西方科学知识,给出了一个宇宙模型。梁启超指出,声、光、热、电、风、云、雨、露、霜、雪等物质因素互相"摩激鼓宕"而成地球;地球与金、水、火、木、土、天王星、海王星、无数小行星及彗星"绕日疾旋,互相吸引"而成世界;世界诸星绕昂星而行,形成天河之星圈,无数天河之星圈"互相吸引"而成大千世界;大千世界诸星又"别有所绕而疾旋",而形成一个更大的世界,这世界里诸星"互相吸引"而形成一个世界海。梁启超认为,让这个世界井然有序的是动力,动力使所有的物质小到声、光、热、电,大到地球、太阳以及星系,都保持在一个互相吸引、互相绕行的运动状态之中。于是,梁启超得出结论,万事万物都处在不断的运动变化之中。显然,梁启超的变易观念是在吸收西方科学的基础上提出来的。

以谭嗣同为例,其日新观念的提出,是在对西方科学知识的吸收中形成的。在《石菊影庐笔识·思篇》中,谭嗣同在这里描述出了宇宙天体之间的动态平衡。谭嗣同指出,地球及五星绕太阳转,月球绕地球转,五星周围又有类似于月球的星球绕其运行。至于宇宙中其他星球,都有类似于太阳的被绕行者,也都有类似于月亮的绕行者。基于这样的认识,谭嗣同说:

> 诸君但先讲明此理,则知吾身所附丽之地球,本变动不居,而凡泥不变之说者为逆天矣。[1]

谭嗣同从宇宙天体的运动变化推出万事万物的运动变化,再从万事万物的运动变化对"泥不变之说者"提出反驳。显然,谭嗣同的日新观念,也是在吸收西方科学的基础上提出来的。

---

[1] 谭嗣同:《论今日西学与中国古学》,《谭嗣同全集》,李敖主编,天津古籍出版社2016年版,第117页。

维新儒学借用西方科学来论证自己的哲学思想，这种行为本身是值得肯定的。因为，哲学本来就是一种抽象的活动，利用已经取得的自然科学成果进行抽象的哲学创造活动，这是一种进步。

第二节 维新儒学对西方科学的误用

在维新儒学的建构过程中，大量吸收了西方科学的成果。这是与先秦儒学、两汉经学、宋明理学等其他儒学形态相比，维新儒学最大的理论特征。然而，不可否认的是，这种对西方科学的吸收，存在一定程度的误用。这种误用在康有为、谭嗣同那里均有体现。

康有为的《实理公法全书》是在几何学尤其是《几何原本》的启发下而写成的一本书。康有为所说的"实理"，即带有普遍性必然性的原理。康有为指出"实"有三义：一是"实测之实"，如科学原理；二是"实论之实"，即有效之意；三是"虚实之实"，如几何公理。显然，在康有为这里，"实"指的是一种可靠性、有效性，"实理"即可靠的理、有效的理。康有为所说的"公法"即人类普遍认可的制度。康有为指出"公"有三义：一是"公众之公"；二是"几何公理之公"；三是"公推之公"，即公众皆认可之意。显然，在康有为这里，"公"指的是公众，"公法"即公众认可的制度。康有为的《实理公法全书》，试图为人类社会找到某种可靠的原理以及公众普遍认可的制度。

具体而言，康有为的"实理"包括两种：一是几何公理；二是有益于人道的人立之法。科学原理和几何公理的可靠性康有为是不怀疑的，但是人立之法的可靠性康有为深表怀疑。康有为说："人立之法，称为两可之实。"[①] 在康有为看来，人立之法是"两可之实"，即有时可靠有时不可靠。既然人立之法是"两可之实"，为什么康有为还要

[①] 康有为：《实理公法全书》，《康有为全集》，姜义华、张荣华编校，中国人民大学出版社2007年版，第147页。

设法将其纳入实理的范畴呢？康有为预设了一个前提，即公法是由实理推出来的。如此，则公法要么由几何公理推出，要么由人立之法推出。然而，能够从几何公理推出的法不够用，因此只好借用从人立之法推出的公法。于是，康有为所讲的"公法"也包括两个方面：一是由几何公理推出的公法；二是由人立之法推出的公法。

在康有为的《实理公法全书》中，还有一个重要的概念，即"比例"。康有为所讲的"比例"，是其对所思考问题作的一种假设，并以公法为依据来判断这种假设的是非。以其《实理公法全书》中"长幼门"为例，康有为列出两条实理：一是"长幼特生于天地间者，一先一后而已。故有德则足重，若年之长幼，则犹器物之新旧耳。"① 二是"轮回之实理，则长复为幼，幼又成长。"② 在康有为看来，长幼不过是时间上的一先一后而已，就像器物有新有旧一样。于是，康有为推出一条公法："长幼平等，不以人立之法施之。"③ "长幼门"讨论的是长幼关系的问题，在这个问题上康有为列出两种可能：一是"长尊于幼"；二是"幼尊于长"。康有为将这两种情况称为比例。关于前者，康有为认为其于人道无益；关于后者，康有为认为其于人道更无益。显然，康有为所说的"比例"是在长幼尊卑这个问题上做出的两种假设。而对这种假设做出判断的依据则是其由实理推出的公法。既然其公法主张长幼平等，那么无论长尊于幼还是幼尊于长，都是无益于人道的了。如康有为讲到"君臣门"时，其提出三种"比例"：一是"民主"；二是"君民共主"；三是"君主威权无限"。这是对君臣关系的一种假设，康有为先根据其所谓的实理推出公法，并以其公法为依据对这三种假设做出判断，以此来论证其结论的可靠性。

---

① 康有为：《实理公法全书》，《康有为全集》，姜义华、张荣华编校，中国人民大学出版社 2007 年版，第 153 页。
② 康有为：《实理公法全书》，《康有为全集》，姜义华、张荣华编校，中国人民大学出版社 2007 年版，第 153 页。
③ 康有为：《实理公法全书》，《康有为全集》，姜义华、张荣华编校，中国人民大学出版社 2007 年版，第 153 页。

康有为的《实理公法全书》以实理、公法、比例这三个概念为支撑，对诸多问题进行了分析判断，每一个问题康有为皆称其为"门"，如夫妻关系，康有为称其为"夫妇门"；父母与子女的关系，康有为称其为"父母子女门"；君臣之间的关系，康有为称其为"君臣门"。就这样，康有为在《实理公法全书》中共列了诸多门："总论人类门""夫妇门""父母子女门""师弟门""君臣门""长幼门""礼仪门""刑罚门""教事门""治事门"等。

就《实理公法全书》与西方科学的关系而言，主要包括三个方面：一是借用了几何学的概念；二是模仿了几何学的演绎推理方法；三是借用几何学的权威来增强自己观点的可靠性。康有为的《实理公法全书》借用了几何学的两个概念：一是公理；二是比例。就"公理"与"比例"这两个概念本身而言，并非中国几何学本有的概念，而是来自《几何原本》，是徐光启在翻译《几何原本》时引入的两个西方几何学的概念。西方几何学有一个最大的特征，即演绎推理的应用。所谓演绎推理，即从一般到具体的推理，具体而言包括三段论、假言推理和选言推理。康有为《实理公法全书》的思路，在很大程度上是对西方几何学演绎推理的模仿。实理是康有为进行推理的前提，公法是康有为在实理的基础之上得出的结论，而比例则是康有为对其所讨论之问题所作的假设。康有为先从实理推出公法，再以公法为依据对比例作出判断进而得出自己的结论。《实理公法全书》之所以要借鉴几何学的概念及思路，根本原因是要为其观点找到一个权威的支撑。几何学通过严密的推理，其结论总是严丝合缝无法反驳，这对于社会科学领域来讲是一种很大的诱惑。

但是，康有为这样的论证方式存在不少弊端。几何学的公理有普遍性必然性，这是建立在人的直观之上的，如三角形两条边之和大于第三条边，任何知性健全的人一看便知。但康有为的结论却最终以所谓的"有益于人道者"之公法为标准。然而，其公法的可靠性又是建立在其公理的基础之上的，而其公理的可靠性却无法得到保证。此外，康有为多次谈到其公法是从几何公理而出，如在"总论人类门"下公法之一"人有自主之权"条目下，康有为说"此为几何公理所出之法",可是我们却很难看出这和几何公理有什么关系。此外,康有为所说的"比例"也绝非真正意义上的几何学所说的"比例"。确切地说,几何学所讲的比例是一种数量关系,而康有为所讲的比例却与数量无任何关系,是对事物发展可能性的假设。显然,康有为的《实理公法全书》虽然引进了西方科学的内容,并借其来论证自己的主张,但这里却明显存在一种误用。之所以会产生这种误用,是因为康有为忽略了儒学和西方科学之间的界限,后文将详述(本章第三节)。

谭嗣同在吸收西方科学的过程中,也存在这样的误用。前文已述,在其代表作《仁学》中,谭嗣同曾经将西方代数学的方法引入了其仁观念的论证过程中。

在谭嗣同的仁学二十七界说中,有这样一句话:"不生不灭,仁之体。"在中国哲学中,体与用是一对重要范畴,体代表本体,用代表显现。谭嗣同的这句话是将"不生不灭"纳入了对仁本体的描述中。那么,"不生不灭"又是何意呢?"不生不灭"本为佛家用语,指万事万物既不生成也不消灭。谭嗣同也说:"生近于新,灭近于逝;新与逝平等,故过去与未来平等。"[①] 谭嗣同所说的"生"接近于"新",即新事物的产生;其所说的"灭"接近于"逝",即旧事物的消灭。可以说,谭嗣同所说的"不生不灭"即佛家所讲的不生成也不消灭。如此,则谭嗣同在这里想表达的意思就是仁之本体既不生成也不消灭。不生,意即本来如此;不灭,意即不会消灭。因此,不生的对象是仁之本体,不灭的对象也是仁之本体。如此,则不生与不灭是平等的,因为二者皆指向一个对象,即仁之体。

那么,这种"不生不灭"的仁之本体会如何显现呢?谭嗣同说:"不生与不灭平等,则生与灭平等,生灭与不生不灭亦平等。"[②] 谭嗣同在这里相当于得出两个推论:一是如果不生不灭平等,则生与灭平

[①] 谭嗣同:《仁学》,《谭嗣同全集》,李敖主编,天津古籍出版社2016年版,第6页。

[②] 谭嗣同:《仁学》,《谭嗣同全集》,李敖主编,天津古籍出版社2016年版,第6页。

等；二是如果不生与不灭平等，则生灭与不生不灭平等。那么，谭嗣同是如何推出这样的结论的呢？谭嗣同引进了西方科学中代数学的方法。谭嗣同假设：生＝甲；灭＝乙；乘＝不。用"不×甲＝不×乙"代表不生不灭，通过复杂的代数运算得出"甲＝乙"以及"乙｜甲＝不×甲｜不×乙"，以此证明生与灭平等以及生灭与不生不灭平等。

谭嗣同试图用西方科学的权威性来增加自己的论证，使自己的论证带有普遍性必然性。然而，这样的论证却有几个失误在其中。首先，既然谭嗣同设定生＝甲；灭＝乙；乘＝不。那么，不生就该表示为"不生"或者"×甲"而不是"不×甲"。因为"不×甲"按照谭嗣同的假设表示的是"不不生"。同理，不灭就该表示为"不灭"或者"×灭"而不是"不×灭"。因为"不×灭"按照谭嗣同的假设表示的"是不不灭"。其次，假如我们抛开之前的问题，谭嗣同在运算中也有一个失误。在谭嗣同的运算中，谭嗣同试图从"甲｜乙＝不×乙｜不÷不×甲｜不"推出"不×（甲｜乙）＝不×乙｜不×甲"，这里少了一个"不×"的字样。因为，从"甲｜乙＝不×乙｜不÷不×甲｜不"只能推出"不×（甲｜乙）＝不×（不×乙｜不×甲）"。而且，谭嗣同下一步运算的结论是在"不×（甲｜乙）＝不×（不×乙｜不×甲）"的基础之上得出的。最后，关键是对应问题。即平等的含义能否用数学上的"＝"来表示，"不"的含义能否用"×"来表示。而且，这里面使用了除法又代表什么含义？如果经过这样的反思，就可以得出这样的结论，即谭嗣同这样的论证其实是很脆弱的。因为他无法解决生、灭、不、平等这样的观念与甲、乙、"×"、"＝"之间的对应问题。

可以说，谭嗣同用代数学的方式来论证其仁学思想是有问题的。数学符号表示的毕竟是一种数量关系，而生、灭、不、平等这样的观念之间本质上并没有数量关系。它们之间的关系是一种抽象的思辨关系。按照谭嗣同的设想，从不生与不灭平等推出生与灭平等以及生灭与不生不灭平等，于是万物平等，而仁之体即不生不灭，于是仁即平等之意。然而，在这样一个逻辑链条中，其关键性的论证却是失误的。之所以出现这样的理论困境，根本原因还在于其忽略了儒学与西方科学之间的界限。

第三节　儒学与西方科学关系的省察

在维新儒学的建构过程中，有对西方科学的吸收，也有对西方科学的误用。这种吸收的过程最大限度地体现了儒学的包容性与开放性，这种误用的过程也体现了儒学与西方科学之间的界限及差异性。

西方科学参与了维新儒学的建构，这是一个不争的事实。前文已述，在维新儒学的建构过程中，大量吸收了西方科学的成果。这主要体现在两个方面：一是维新儒学的变法主张中包含着引进西方科学的诉求；二是维新儒学的变法依据中包含着来自西方科学的论据。作为一种指导维新变法的理论形态，维新儒学对西方科学的吸收大大地增强了其说服力。从变法主张的层面讲，维新儒学的变法主张中包含着引进西方科学的诉求，这是符合时代要求的，也是大势所趋。维新儒学对西方科学的强调意味着其顺应了历史潮流，是有进步意义的；从变法依据的层面讲，维新儒学的理论依据中大量地吸收了来自西方科学的论据，这对于其相关范畴的论证是有正面作用的。如谭嗣同对夷夏观念的论证吸收了西方地理学的成果，指出地球上并无一个绝对的中点，因此不能以地理位置作为区分中国与夷狄的标准；再如梁启超通过对宇宙天体结构动态变化过程的描述抽象出万事万物运动变化的变易观念。这种对西方科学的吸收，不仅增加了其结论的普遍性必然性，也是人类进行哲学思考的一种普遍范式。这说明，就儒学理论自身而言，儒学不会排斥西方科学，也不会阻碍西方科学。

然而，在维新儒学吸收西方科学的过程中，毕竟还是存在某种误用。这种误用是如何产生的？根本原因在于，康有为和谭嗣同均忽略了这样一个事实，即西方科学（Western Natural Science）只能作事实判断而不能作价值判断。因此，当维新儒士利用西方科学来丰富自己的变法主张、论证自己的变法依据时，会增加其维新儒学的说服力，这是没有问题的。但是，当维新儒士试图利用西方科学直接来做某种价值判断，误用就在所难免。进一步说，西方科学可以为儒学的价值判断提供有力的根据，但不能代替儒学去作价值判断。康有为在其《实理公法全书》中正是试图用西方几何学做出某种价值判断，这是混淆了儒学和西方科学之间的界限。同样，谭嗣同在其《仁学》中试图用西方代数学做出某种价值判断，也是混淆了儒学与西方科学之间的界限。事实上，梁启超在晚年是意识到了儒学与西方科学之间的界限的，认为"儒学以人生问题为旨趣而科学以客观知识为归宿"[①]。尽管这样的判断不一定准确，但梁启超对于儒学与西方科学之间的差异性这个问题本身而言，还是触及了。

总之，作为一种理论形态，儒学不会排斥西方科学，也不会阻碍西方科学。维新儒学对西方科学的广泛吸收已经无可辩驳地说明了这一点。与此同时，儒学与西方科学毕竟存在某种界限及差异性，这也是不可忽略的一个事实。在考虑儒学与西方科学的关系时，也当充分考虑到这个问题。在今天这样的生活方式下，人不仅要过有道德的生活，还要过有知识的生活，儒学与科学皆必不可少、不可或缺。在中华民族伟大复兴的进程中，儒学与科学必定会成为大国崛起的两翼，齐头并进，共同发展。诚如马来平教授所说："儒学和科学具有广阔的协调发展前景。"[②] 需要强调的是，如何在儒学与科学之间搭建起一座友好而非排斥的桥梁，如何创造性地诠释儒家的思想资源在今天有着十分重大的理论意义，因为"中国未来的发展需要在充分肯定本土化资源的基础上求生存"[③]。换言之，儒学与科学关系的研究，任重而道远。

[①] 苗建荣：《论梁启超对儒学与西方科学的态度》，《科学技术哲学研究》2019 年第 2 期。

[②] 马来平：《儒学和科学具有广阔的协调发展前景——从西学东渐的角度看》，《山西大学学报》（哲学社会科学版）2009 年第 2 期。

[③] 刘星：《论儒学思想核心价值与新时代治国理政思想的契合》，《山东社会科学》2020 年第 9 期。

参考文献

一　康有为、梁启超、谭嗣同的原著

康有为:《康有为全集》,中国人民大学出版社2007年版。

梁启超:《梁启超全集》,北京出版社1999年版。

梁启超:《清代学术概论》,中华书局2010年版。

谭嗣同:《谭嗣同全集》,中华书局1981年版。

谭嗣同:《谭嗣同全集》,天津古籍出版社2016年版。

二　国内相关著作

马来平:《哲学与文化视野中的科学》,广西人民出版社1991年版年版。

马来平:《中国科技思想的创新》,山东科学技术出版社1995年版。

马来平:《科技与社会引论》,人民出版社2001年版。

马来平、常春兰、刘晓:《理解科学:多维视野中的自然科学》,山东大学出版社2003年版。

马来平:《中西文化会通的先驱——全国首届薛凤祚学术思想研讨会论文集》,齐鲁书社2011年版。

马来平:《科学的社会性和自主性:以默顿科学社会学为中心》,北京大学出版社2012年版。

马来平:《探寻儒学与科学关系演变的历史轨迹——中国近现代科技思想史研究》,上海古籍出版社2015年版。

马来平等:《传统文化与中国科技的命运——以"传统文化对科技的作用"为中心》,济南出版社2015年版。

马来平:《科普理论要义——从科技哲学的角度看》,人民出版社

2016 年版。

马来平等：《儒学促进科学发展的可能性与现实性——以儒学的人文资源与科学为中心》，山东人民出版社 2016 年版。

尚智丛：《明末清初（1582—1687）的格物穷理之学——中国科学发展的前近代形态》，四川教育出版社 2003 年版。

李申：《中国古代哲学和自然科学》，中国社会科学出版社 1989 年版。

李申：《中国古代哲学与自然科学——隋唐至清代之部》，中国社会科学出版社 1993 年版。

刘星：《东传科学与康有为今文经学的嬗变》，中国社会科学出版社 2018 年版。

中国史学会：《洋务运动》，上海人民出版社 1961 年版。

冯桂芬：《校邠庐抗议》，中州古籍出版社 1998 年版。

郑观应：《盛世危言》，中华书局 1984 年版。

孙培青：《中国教育史》，华东师范大学出版社 2000 年版。

陈学恂：《中国近代教育史教学参考资料》，中华书局 1985 年版。

熊月之：《西学东渐与晚清社会》，中国人民大学出版社 2011 年版。

丁文江、赵丰田编：《梁启超年谱长编》，上海人民出版社 1983 年版。

张晓编：《近代汉译西学书目提要》，北京大学出版社 2012 年版。

汤志钧：《戊戌变法史》，上海社会科学院出版社 2015 年版。

刘大钧、林忠军注译：《周易传文白话解》，齐鲁书社 1993 年版。

李国俊：《梁启超著述系年》，复旦大学出版社 1896 年版。

杨廷福：《谭嗣同年谱》，人民出版社 1957 年版。

黄玉顺：《超越知识与价值的紧张——"科学与玄学论战"的哲学问题》，四川人民出版社 2002 年版。

黄玉顺：《爱与思——生活儒学的观念》，四川大学出版社 2006 年版。

黄玉顺：《面向生活本身的儒学——黄玉顺"生活儒学"自选集》，四川大学出版社 2006 年版。

黄玉顺：《儒学与生活——"生活儒学"论稿》，四川大学出版社 2009 年版。

常春兰：《科学哲学中的相对主义及其超越》，山东大学出版社 2010 年版。

陈柱：《公羊家哲学》，中华书局 1929 年版。

李泽厚：《康有为谭嗣同思想研究》，上海人民出版社 1958 年版。

张之洞：《劝学篇》，上海书店出版社 2002 年版。

任继愈：《中国哲学史》，人民出版社 1979 年版。

邝柏林：《康有为的哲学思想》，中国社会科学出版社 1980 年版。

徐义君：《谭嗣同思想研究》，湖南人民出版社 1981 年版。

邓潭洲：《谭嗣同传论》，上海人民出版社 1981 年版。

曾振宇、傅永聚：《春秋繁露新注》，商务印书馆 2010 年版。

胡适：《胡适哲学思想资料选》，华东师范大学出版社 1981 年版。

侯外庐：《中国思想史》，中国青年出版社 1981 年版。

顾颉刚：《古史辨》，上海古籍出版社 1982 年版。

周予同：《经学史论著》，上海人民出版社 1983 年版。

汤志钧：《戊戌变法》，人民出版社 1984 年版。

汤志钧：《康有为与戊戌变法》，中华书局 1984 年版。

李喜所：《谭嗣同评传》，河南教育出版社 1986 年版。

马洪林：《康有为大传》，辽宁人民出版社 1988 年版。

冯契：《中国近代哲学的革命进程》，上海人民出版社 1989 年版。

汤志钧：《近代经学与政治》，中华书局 1989 年版。

张岱年：《中国古典哲学概念范畴要论》，中国社会科学出版社 1989 年版。

王韬：《弢园文录外编》，上海书店出版社 2002 年版。

方克立：《中国哲学大辞典》，中国社会科学出版社 1994 年版。

陈文豪：《廖平经学思想研究》，文津出版社 1995 年版。

朱维铮：《求索真文明—晚清学术史论》，上海古籍出版社 1996

年版。

朱俊瑞：《中国近代政治思潮论稿》，广西师范大学出版社 1996 年版。

王夫之：《读通鉴论》，中华书局 1975 年版。

王建华：《谭嗣同传》，安徽人民出版社 1997 年版。

钱穆：《中国近三百年学术史》，商务印书馆 1997 年版。

钱穆：《两汉经学今古文平议》，商务印书馆 1997 年版。

钱穆：《国学概论》，商务印书馆 1997 年版。

陈其泰：《清代公羊学》，东方出版社 1997 年版。

王葆玹：《今古文经学新论》，中国社会科学出版社 1997 年版。

颜炳罡：《当代新儒学引论》，北京图书馆出版社 1998 年版。

马洪林：《康有为评传》，南京大学出版社 1998 年版。

（汉）郑玄：《十三经古注》，中华书局 2014 年版。

北京大学《儒藏》编纂与研究中心：《儒藏（精华编）》，北京大学出版社 2014 年版。

徐彦：《春秋公羊传注疏》，北京大学出版社 1999 年版。

冯友兰：《中国哲学史》，华东师范大学出版社 2000 年版。

许纪霖：《二十世纪中国思想史论》，东方出版中心 2000 年版。

刘小枫：《儒家革命精神源流考》，三联书店 2000 年版。

胡逢祥：《社会变革与文化传统年版。中国近代文化保守主义思潮研究》，上海人民出版社 2000 年版。

吴雁南：《中国经学史》，福建人民出版社 2001 年版。

喻大华：《晚清保守主义研究》，人民出版社 2001 年版。

李明辉：《当代儒学之自我转化》，中国社会科学出版社 2001 年版。

路新生：《中国近三百年疑古思潮研究》，上海人出版社 2001 年版。

葛荣晋：《中国哲学范畴史》，首都师范大学出版社 2001 年版。

朱维铮：《中国经学史十讲》，复旦大学出版社 2002 年版。

朱维铮：《壶里春秋》，上海文艺出版社 2002 年版。

张朋园:《知识分子与近代中国的现代化》,百花洲文艺出版社 2002 年版。

冯天瑜:《晚清经世实学》,上海社会科学院出版社 2002 年版。

郭汉民:《晚晴社会思潮研究》,中国社会科学出版社 2002 年版。

姜林祥:《儒学价值传统与现代化》,齐鲁书社 2002 年版。

乐爱国:《儒家文化与中国古代科技》,中华书局 2002 年版。

孙晓春:《中国政治思想史论》,吉林人民出版社 2003 年版。

王曰美:《儒家政治思想研究》,中华书局 2004 年版。

余英时:《现代儒学的回顾与展望》,三联书店 2004 年版。

丁平一:《谭嗣同与维新派师友》,湖南大学出版社 2004 年版。

贾维:《谭嗣同与晚清士人交往研究》,湖南大学出版社 2004 年版。

葛兆光:《中国思想史》,复旦大学出版社 2000 年版年版。

三 期刊论文

马来平:《儒学对中国古代科技作用的研究断想》,《忻州师范学院学报》2001 年第 3 期。

马来平:《西学东渐中的科学与儒学关系》,《贵州社会科学》2009 年第 1 期。

马来平:《儒学和科学具有广阔的协调发展前景——从西学东渐的角度看》,《山西大学学报》2009 年第 2 期。

马来平:《探寻儒学与科学关系演变的历史轨迹》,《自然辩证法通讯》2009 年第 4 期。

马来平:《从西学东渐看儒学和科学的协调问题》,《民族文化论丛》2009 年第 12 期。

马来平:《试论儒学与科学的相容性》,《文史哲》2014 年第 6 期。

马来平:《儒学与科学从根本上是相容的》,《人文天下》2015 年第 2 期。

马来平:《科技儒学研究之我见》,《自然辩证法研究》2015 年第 6 期。

乐爱国：《儒家经典中的科技知识》，《中华文化论坛》2004 年第 1 期。

徐光台：《利玛窦天主实义中的格物穷理》，《清华学报》新二十八卷第 1 期。

徐光台：《藉"格物穷理"之名：明末清初西学的传入》，《理性主义及其限度》《三联书店》2003 年。

黄玉顺：《儒学与作为科学理论基础的知识论重建》，《当代儒学》2015 年第 2 期。

朱义禄：《西方自然科学与维新思潮——论康有为、严复、谭嗣同的变革思想》，《学习与探索》1999 年第 2 期。

岳清云：《实证的科学方法和科学精神——浅谈康有为科技思想》，《今日科苑》2008 年第 14 期。

马金华：《试论康有为的科学观》，《福建论坛（人文社会科学版）》2004 年第 2 期。

魏义霞：《平等与自然科学——以康有为、谭嗣同的思想为中心》，《哲学研究》2010 年第 7 期。

魏义霞：《康有为＜诸天讲＞的几个重要问题》，《商丘师范学院学报》2016 年第 7 期。

姚雅欣、高策：《从传统"格致"到现代"科学"：梁启超"科学"观念透视》，《科学技术与辩证法》2004 年第 6 期。

姚雅欣、王云：《梁启超：在科学文化的视域中重新解读》，《科学技术与辩证法》2003 年第 6 期。

董德福、李相锦：《梁启超科学观历史内涵与现实价值的理性审视》，《自然辩证法通讯》2015 年第 3 期。

马强：《烈士之学——浅析谭嗣同的自然科学思想》，《文史博览（理论）》2011 年第 6 期。

何磊：《从追求科学走向献身变法的谭嗣同》，《云南师范大学学报（哲学社会科学版）》1996 年第 5 期。

徐振亚：《谭嗣同科学思想浅析》，《中国科技史料》2000 年第 3 期。

黄玉顺：《论"重写儒学史"与"儒学现代化版本"问题》，《现代哲学》2015 年第 2 期。

刘星、刘溪：《康有为进化论思想探析》，《湖北社会科学》2015 年第 9 期。

彭平一：《戊戌南学会集会讲论活动若干史实的补正》，《中南大学学报（社会科学版）》2011 年第 4 期。

石建国：《吸收与创见：梁启超进化论思想的形成与发展》，《社会科学战线》2013 年第 4 期。

黄玉顺：《"科玄之争"再评价》，《中国哲学史》1999 年第 1 期。

黄玉顺：《中西自然价值观差异之我见》，《理论学刊》2004 年第 3 期。

黄玉顺：《儒学复兴的两条路线及其超越——儒家当代主义的若干思考》，《西南民族大学学报》2009 年第 1 期。

黄玉顺：《儒学与中国之命运——纪念五四运动 90 周年》，《学术界》2009 年第 3 期。

黄玉顺：《从"西学东渐"到"中学西进"——当代中国哲学学者的历史使命》，《学术月刊》2012 年第 11 期。

曾乐山：《试论中国近代哲学史上的进化论》，《中国哲学史研究》1982 年第 1 期。

马自毅：《康有为进化观形成时间考》，《华东师范大学学报》1984 年第 3 期。

苗建荣：《见闻之知：《儒家知识论的经验之维》，《自然辩证法研究》2019 年第 4 期。

胡代胜：《论梁启超新民思想的形成》，《中州学刊》1987 年第 5 期。

苗建荣：《论梁启超对儒学与西方科学的态度》，《科学技术哲学研究》2019 年第 2 期。

易树人：《梁启超新文体与新文化运动》，《江汉论坛》1991 年第 12 期。

金炳眠、吴绍抗：《梁启超与朝鲜近代小说》，《延边大学学报》

1992 年第 4 期。

段治文、戴锡保：《论梁启超科学观的确立及其流变》，《浙江大学学报》1993 年第 1 期。

元青：《梁启超欧游归来后的文化思想倾向自议》，《中州学刊》1993 年第 3 期。

张锡勤：《梁启超对中国近代进程的复杂影响》，《北方论丛》1993 年第 5 期。

黄长义：《进化论思想在近代中国广泛传播的文化因素论析》，《江汉论坛》1995 年第 3 期。

吴乃华：《中西文化与康有为的变易思想》，《人文杂志》1996 年第 5 期。

陈其泰：《晚清公羊学的发展轨迹》，《历史研究》1996 年第 5 期。

乐爱国：《朱熹格物致知论的科学精神及其历史作用》，《厦门大学学报》1997 年第 1 期。

周好：《梁启超论人的社会化》，《江海学刊》1997 年第 2 期。

杨向奎：《清末今文经学三大师对》，<春秋>经传的议论得失》，《管子学刊》1997 年第 6 期。

陈鹏鸣：《康有为的社会改革思想研究》，《孔孟月刊》1998 年第 4 期。

乐爱国：《朱熹的科技伦理思想》，《孔子研究》1998 年第 3 期。

乐爱国：《李约瑟评朱熹的科学思想及其现代意义》，《自然辩证法研究》1999 年第 3 期。

乐爱国：《朱熹对天文学的研究及其科学方法》，《朱子研究》1999 年第 1 期。

乐爱国：《朱熹的农业科技思想与理学》，《朱子研究》1999 年第 2 期。

乐爱国：《朱熹对古代地学的研究》，《朱子研究》2000 年第 1 期。

乐爱国：《从朱熹的心路历程看他的格物致知与科学的关系》，

《朱子研究》2000 年第 2 期。

杨俊才：《论梁启超对传记之文史关系的创见》，《浙江社会科学》2000 年第 1 期。

罗一楠：《简论梁启超对物质科学与精神文化关系的探讨》，《长白学刊》2000 年第 6 期。

杨晓明：《梁启超思想暨文论与欧洲启蒙主义的关系》，《云南民族学院学报》2000 年第 12 期。

白振奎：《梁启超与王国维治学特点比较》，《江淮论坛》2001 年第 1 期。

杨晓明：《启蒙现代性与文学现代性的冲突与调适》，《厦门大学学报》2001 年第 1 期。

谢飘云：《进化论与梁启超文学变革设计的新思路》，《华南师大学报》2001 年第 2 期。

程恭让：《以复学契接康德：《梁启超的康德学格义》，《哲学研究》2001 年第 2 期。

蒋广学：《梁启超的现代学术思想与 20 世纪中国思想史之关系》，《江苏社会科学》2001 年第 4 期。

乐爱国：《朱熹的天文学思想与蔡发的＜天文星象总论＞》，《朱子研究》2002 年第 1 期。

乐爱国：《朱熹：一位被遗忘的天文学家》，《东南学术》2002 年第 6 期。

乐爱国：《论朱熹理学的务实精神》，《朱子研究》2002 年第 2 期。

汤志钧：《再论康有为与今文经学》，《历史研究》2002 年第 6 期。

汤志钧：《大同"三世"和天演进化》，《史林》2002 年第 2 期。

乐爱国：《略论游艺对朱熹天文学思想的吸取》，《朱子研究》2003 年第 1 期。

乐爱国：《从朱熹的"格物致知"到"科学"》，《朱子研究》2003 年第 2 期。

魏义霞：《论梁启超对康有为著作的侧重、解读和态度变化》，《周易研究》2015 年第 4 期。

乐爱国：《略论朱熹对浑仪的研究》，《上饶师范学院学报》2004 年第 5 期。

张昭军：《援西入儒——康有为对传统儒学的改造与重构》，《社会科学辑刊》2005 年第 1 期。

王汎森：《从经学向史学的过渡——廖平与蒙文通的例子》，《历史研究》2005 年第 2 期。

杨全顺：《康有为学术中的西学》，《宁夏社会科学》2006 年第 2 期。

乐爱国：《朱熹门人对自然知识的兴趣》，《朱子文化》2006 年第 4 期。

乐爱国：《朱熹对〈梦溪笔谈〉的研究》，《朱子文化》2007 年第 2 期。

乐爱国：《朱熹格物致知方法论中的类推》，《朱子文化》2007 年第 6 期。

马洪林：《康有为研究年回顾与展望》，《东方论坛》2008 年第 5 期。

孙锡芳：《康有为"托古改制"与〈左传〉批判研究》，《云南民族大学学报》2009 年第 2 期。

乐爱国：《朱熹传播科学知识的途径》，《科普研究》2009 年第 2 期。

乐爱国：《朱熹的"推类"方法及其在科学研究中的运用》，《洛阳师范学院学报》2009 年第 1 期。

乐爱国：《从朱熹的格致论出发》，《黑龙江社会科学》2010 年第 5 期。

四　博硕士论文

杨爱东：《东传科学与明末清初实学思潮》，山东大学 2014 年博士论文。

宋芝业：《明末清初中西数学会通与中国传统数学的嬗变》，山东大学 2010 年博士论文。

吕晓钰：《为科学奠基——科技哲学视野下的成中英思想研究》，山东大学 2017 年博士论文。

刘星：《清末民初东传科学影响下康有为今文经学的嬗变》，山东大学 2016 年博士论文。

刘溪：《西方科技与康熙帝"道治合一"圣王形象的塑造》，山东大学 2017 年博士论文。

王静：《晚明儒学与科学的互动》，山东大学 2018 年博士论文。

姚雅欣：《梁启超科学文化知行论稿》，山西大学 2005 年博士论文。

董贵成：《近代科学与戊戌维新》，北京师范大学 2001 年博士论文。

张欣：《康有为今文经学思想与晚清变局》，南开大学 2014 年博士论文。

林合华，《梁启超科学观的三期演变及其意义》，武汉大学 2005 年硕士论文。

五　海外相关著作

张灏：《危机中的知识分子——寻求秩序与意义 1980-1911》，高力克、王跃译，中央编译出版社 2016 年版。

西田几多郎：《善的研究》，何倩译，商务印书馆 1983 年版。

张灏：《梁启超与中国思想的过渡（1890-1907）》，崔志海、葛夫平译，江苏人民出版社 1995 年版。

萧公权：《近代中国与新世纪：康有为与大同书研究》，江苏人民出版社 1997 年版。

杜维明：《道·学·政——论儒家知识分子》，钱文忠、盛勤译，上海人民出版社 2000 年版。

金永植：《朱熹的自然哲学》，潘文国译，华东师范大学出版社 2003 年版。

岛田虔次：《中国近代思维的挫折》，甘万平译，江苏人民出版社 2005 年版。

佐藤慎一：《近代中国的知识分子与文明》，刘岳兵译，江苏人民出版社 2006 年版。

倪德卫：《儒家之道》周巧成译，江苏人民出版社 2006 年版。

萧公权：《近代中国与新世界：康有为变法与大同思想研究》，汪荣祖译，江苏人民出版社 2007 年版。

浦嘉珉：《中国与达尔文》，钱永强译，江苏人民出版社 2008 年版。

本杰明·史华慈：《寻求富强：严复与西方》，叶凤美译，江苏人民出版社 2010 年版。

本杰明·艾尔曼：《从理学到朴学——中华帝国晚期思想与社会变化面面观》，赵刚译，江苏人民出版社 2012 年版。

本杰明·艾尔曼：《中国近代科学的文化史》，王红霞等译，上海古籍出版社 2009 年版。

本杰明·艾尔曼：《科学在中国：1550—1900》，原祖杰等译，中国人民大学出版社 2016 年版。

傅兰雅：《地学稽古论》，格致汇编本，1891 年版。

傅兰雅：《混沌说》，格致汇编本，1877 年版。

雷侠儿：《地学浅释》，上海制造局 1871 年版。

文教治：《地学指略》，上海益智书会 1881 年版。

钟鸣旦：《格物穷理：十七世纪西方耶稣会士与中国学者间的讨论》，哲学与文化 1997 年版。

孙广德：《晚清传统与西化的争论》，台湾商务印书馆 1982 年版。

约瑟夫·阿·勒文森：《梁启超与中国近代思想》，刘伟、刘丽译，四川人民出版社 1986 年版。

列文森：《儒教中国及其现代命运》，郑大华等译，中国社会科学出版社 2000 年版。

郭颖颐：《中国现代思想中的唯科学主义（1900—1950）》，雷颐译，江苏人民出版社 1989 年版。

李约瑟：《中国科学思想史》，北京科学出版社 1990 年版。

薛化元：《晚清「中体西用」思想论（1861—1900）》，稻乡出版社 1991 年版。

洪万生：《中国人的科学精神》，黄山书社 2012 年版。

毕乃德：《洋务学堂》，曾钜生译，杭州大学出版社 1993 年版。

艾尔曼：《中国近代科学的文化史》，王红霞等译，上海古籍出版社 2009 年版。

费侠莉：《丁文江：科学与中国新文化》，丁子霖等译，新星出版社 2006 年版。

浦嘉珉：《中国与达尔文》，钟永强译，江苏人民出版社 2008 年版。

金永植：《科学与东亚儒家传统》，台湾大学出版中心 2014 年版。